# ...lonies Françai...

PAR MM.

G. MALLETERRE P. LEGENDRE

# GRANDES VOIES DE COMMUNICATION ENTRE LA FRANCE ET SES COLONIES

## GRANDES ROUTES MARITIMES

Les communications entre la France et ses colonies sont établies par des lignes de paquebots qui desservent aussi les ports les plus importants des différentes parties du monde.

Deux compagnies principales, la *Compagnie des Messageries maritimes* et la *Compagnie générale transatlantique*, reçoivent des subventions de l'État et sont chargées des services postaux.

Les principales directions de navigation sont les suivantes :

1° **Route des mers de la Chine et du Japon.** (*Messageries maritimes.*)
De Marseille à :

| | |
|---|---|
| Alexandrie | 5 jours. |
| Suez | 7 — |
| Aden | 11 — |
| Colombo (Ceylan) | 19 — |
| Singapour | 25 — |
| **Saïgon** (Cochinchine) | 28 — |
| Hong-kong | 33 — |
| Changhaï (Chine) | 37 — |
| Yokohama (Japon) | 42 — |

Avec services annexes :

| | |
|---|---|
| De Colombo à **Pondichéry** (Indes) | 2 jours. |
| De Saïgon à **Haïphong** (Tonkin) | 4 — |

2° **Route d'Australie et de Nouvelle-Calédonie.** (*Messageries maritimes.*)
De Marseille à :

| | |
|---|---|
| Suez | 7 jours. |
| Aden | 11 — |

(avec escale possible à **Djibouti**,)

| | |
|---|---|
| Mahé (Seychelles) | 17 jours. |
| Melbourne | 35 — |
| Sydney | 38 — |
| **Nouméa** (Nouvelle-Calédonie) | 43 — |

Avec services annexes :

| | |
|---|---|
| De Mahé à **Saint-Denis** (Réunion) | 4 jours. |
| De Saint-Denis à **Diego-Suarès** (Madagascar) | 5 — |
| Et aux **Comores** | 7 — |

3° **Route de l'Amérique du Nord.** (*Compagnie générale transatlantique.*)

| | |
|---|---|
| Du Havre à New-York | 7 à 8 jours. |

Avec service annexe pour **Saint-Pierre** et **Miquelon.**

4° **Route des Antilles et de l'Amérique centrale.** (*Compagnie générale transatlantique.*)
De Saint-Nazaire à :

| | |
|---|---|
| la **Guadeloupe** | 13 jours. |
| la **Martinique** | 14 — |
| Colon (isthme de **Panama**) | 20 — |

Avec service annexe :

| | |
|---|---|
| De la Martinique à Cayenne | 6 jours. |

5° **Route des côtes occidentales d'Afrique et de l'Amérique du Sud.**
De Bordeaux à :

| | |
|---|---|
| **Dakar** (Sénégal) | 7 jours. |
| Rio-de-Janeiro | 16 — |
| Buenos-Aires | 21 — |

Avec services annexes de **Dakar** :
Aux comptoirs de la côte de Guinée: **Konakry, Grand-Bassam et Kotonou.**
Au **Gabon** et à **Pointe Noire** (Congo français).

## LIGNES TÉLÉGRAPHIQUES PRINCIPALES

Des lignes télégraphiques terrestres et des câbles sous-marins mettent en communication rapide tous les points importants du globe.

De l'**Extrême-Orient**, c'est-à-dire du Japon et de la Chine, on peut envoyer un télégramme en France, par plusieurs directions :

1° Par le télégraphe de Sibérie allant de Vladivostok à Saint-Pétersbourg et à Paris;

2° Par le câble sous-marin des côtes de Chine et ses annexes de **Cochinchine**, en prenant par l'Inde et la Perse, ou par le golfe Persique et l'Asie Mineure.

De **Melbourne** et de **Sydney**, on communique avec la France par une ligne télégraphique qui traverse les déserts de l'Australie et rejoint à Singapour la ligne de l'Extrême-Orient.

Entre la **France** et l'**Angleterre**, d'une part, et l'**Amérique du Nord**, de l'autre, il y a sept câbles sous-marins qui assurent des communications multiples :

1° avec toute l'Amérique du Nord;

2° avec les **Antilles**;

3° avec les côtes orientale et occidentale de l'Amérique du Sud.

Entre la **France** et l'**Afrique** on a :

1° Les câbles entre la France et l'Algérie, prolongés par les lignes terrestres jusqu'aux postes français les plus avancés du sud;

2° Deux câbles partant du Portugal rejoignent le **Sénégal**: 1° par Ténérife, à **Saint-Louis**; 2° par les îles du Cap-Vert, à **Dakar.**

Ces câbles se prolongent d'une part sur les côtes occidentales de l'Afrique; de l'autre, sur les côtes occidentales de l'Amérique du Sud;

3° Les câbles des côtes orientales d'Afrique, qui relient Suez avec Aden, **Djibouti**, Zanzibar, **Madagascar**, la **Réunion**, le Cap, etc.

De nouveaux câbles français seront posés prochainement pour relier Madagascar et les colonies de l'océan Pacifique à la France.

## CHEMINS DE FER

La capitale de la France, **Paris**, est réunie aux capitales des États de l'Europe et avec les ports principaux de la France et de l'Europe.

Pour aller de France en Asie, il faut traverser la Russie d'Europe, franchir le Caucase et prendre à Tiflis le **chemin de fer Transcaspien** qui se termine à Samarkand.

Un chemin de fer appelé **Transsibérien** est en construction à travers la Sibérie jusqu'à l'océan Pacifique. Il sera achevé dans deux ou trois ans et réunira l'Europe à la Chine orientale.

Plusieurs chemins de fer traversent le continent américain entre les côtes de l'Atlantique et celles du Pacifique. De New-York à San Francisco, le trajet s'effectue en 5 jours 1/2.

Enfin, des projets ont été faits pour relier l'Algérie à Timbouktou et au lac Tchad par un chemin de fer transsaharien qui traverserait tout le grand désert du Sahara.

D'autres lignes sont en construction ou en projet pour réunir les ports de la côte de l'Afrique occidentale française et les territoires du Soudan.

# LIVRE-ATLAS

des

# Colonies Françaises

A l'usage de l'Enseignement des Colonies

par

G. MALLETERRE et P. LÈGENDRE

Professeur
à l'École Supérieure de Guerre

Professeur de l'Université
Ancien chef du secrétariat de l'Alliance française

## Colonies de l'Océan Pacifique

### LA NOUVELLE-CALÉDONIE

Établissements Français de l'Océanie

PARIS
Librairie Ch. Delagrave
15, rue Soufflot, 15

# PRÉFACE

La conquête du monde par la civilisation européenne s'est achevée avec le XIX<sup>e</sup> siècle. Il n'y a pas de tribu si reculée qui n'en ait senti le rayonnement et, à part les solitudes inhabitables des pôles, il n'y a plus sur le globe une région inexplorée.

Tandis que leur outillage moderne de guerre a permis aux Occidentaux de pénétrer jusqu'aux centres, précédemment inaccessibles, des continents de l'Asie et de l'Afrique et d'y briser les résistances fanatiques ou brutales, leurs navires sillonnent les mers les plus lointaines, et le réseau des fils dont ils ont enveloppé le Monde porte instantanément, jusqu'à ses extrémités, la pensée et la volonté des races supérieures.

Après la conquête armée, s'ouvre maintenant l'ère de l'exploitation pacifique des terres nouvelles et commence l'éducation morale des populations récemment amenées dans l'orbe de la culture occidentale.

Aux siècles précédents, la prise de possession du Nouveau-Monde eut pour conséquence l'asservissement ou l'anéantissement des populations indigènes, trop faibles pour résister ou trop réfractaires pour se plier à un joug. Les premiers conquérants se ruèrent, avec une âpreté d'aventuriers, sur les beaux pays de l'Amérique tropicale; ils en épuisèrent les richesses sans souci de l'avenir et, lorsque les populations eurent succombé et disparu, ils comblèrent les vides par le hideux esclavage, par l'importation régulière et continue des travailleurs africains.

Plus au nord, sous les climats auxquels pouvait s'adapter la main-d'œuvre des cultivateurs et des artisans européens, l'envahisseur repoussa devant lui l'Indien dont le contact lui répugnait; il le déposséda et se substitua à lui.

A l'époque moderne, les mœurs colonisatrices se sont modifiées. C'est l'honneur de notre siècle d'avoir poursuivi et réalisé l'affranchissement de l'esclave et d'avoir posé le principe du respect de la liberté humaine. La conception de l'expansion coloniale s'est transformée.

La colonie n'est plus un domaine à pressurer, dont on risquait inconsidérément de tarir les ressources d'avenir, par une exploitation excessive du sol et de la race. On lui reconnaît des droits.

Nos vieilles colonies françaises ne sont aujourd'hui que des départements plus éloignés, partie intégrante de la patrie française, gouvernés par les mêmes lois et dont tous les habitants, quelles que soient leur origine et leur couleur, jouissent des mêmes privilèges.

Quant aux pays nouvellement placés sous la tutelle française, ils sont, pour la plupart, pays de protectorat, et ce mot n'est pas un simple vocable administratif; il indique bien que ces pays sont protégés, c'est-à-dire que la France prend la charge et se réserve d'en diriger le développement industriel et commercial, en leur conservant, autant que possible, le régime politique convenant aux mœurs et aux traditions des habitants. Avec une générosité, qui, parfois même, n'est pas assez calculée, elle y verse son sang et ses trésors. Elle a le souci d'amener les populations à elle et de les conduire vers un état social meilleur, de solliciter leur activité, et de faire concourir leurs forces au progrès général.

D'autres peuples, par d'autres moyens, obtiennent d'autres résultats, — plus pratiques, disent les uns. — La France, quant à elle, obéit au génie qui lui est propre, et l'on voit, d'ailleurs, comment, sous son action, se sont transformés l'Algérie et la Tunisie, l'Indo-Chine et Madagascar.

Si la France se montre préoccupée de faire aimer sa domination autant que de faire respecter sa puissance; si elle considère, suivant une noble expression, les peuples qu'elle commande comme des frères plus jeunes, dont elle est jalouse de faire l'éducation, la place qu'elle a acquise dans le monde par la vaillance de ses soldats, par le dévouement de ses missionnaires, par l'intelligence de ses ingénieurs, de ses industriels et de ses commerçants, par le rayonnement de la pensée de ses artistes, de ses philosophes et de ses savants, est assez belle pour qu'elle n'ait à souffrir d'aucune comparaison. Ce sont, en effet, les meilleurs de ses enfants qui s'emploient à cette tâche glorieuse de l'expansion de la Patrie et du progrès de l'Humanité.

Sa main est ordinairement douce. Il entre plus de dévouement que de crainte dans l'obéissance qu'elle obtient. Sous son influence, le noir inerte devient un serviteur docile dont la force physique s'applique à un travail utile; le bandit soudanais, un combattant discipliné dont le mépris de la vie se transforme en vaillance héroïque. De l'Asiatique souple et avisé, elle fait un soldat alerte ou un intelligent auxiliaire de commerce. Partout, elle met heureusement en œuvre le concours de l'indigène, soit pour consolider sa domination, soit pour en aider le développement.

Le missionnaire et le soldat, qui ont été les premiers pionniers de la conquête morale et matérielle, deviennent aussi les premiers instituteurs. A côté de la chapelle, mais aussi à côté du campement, s'ouvrent bientôt l'hospice et l'école, et la religieuse se hâte d'y apporter son doux zèle que rien ne rebute et dont elle n'attend aucune récompense terrestre. — Tels sont les précieux agents de l'expansion française! — L'homme de négoce n'arrivera qu'après eux, un peu trop lentement, trop hésitant peut-être, car son action est indispensable pour donner la vie à la matière en lui donnant le mouvement. Quoi qu'il en soit, l'instituteur doit toujours le précéder afin de lui préparer ses intermédiaires commerciaux, ses interprètes, ses commis, et même ses agents des chemins de fer et des télégraphes, ses contremaîtres de manufactures et de travaux.

C'est donc l'école qui doit appeler tout d'abord l'intérêt de l'administrateur vigilant. Mais l'école ne peut s'improviser. Avoir le maître et l'élève ne suffit pas; il faut leur procurer les outils d'enseignement et de travail, le livre qui apprend la langue, la carte qui montre les routes, révèle le monde et en fait comprendre l'équilibre. Il faudrait aussi que le livre et la carte fussent préparés spécialement et bien adaptés aux intelligences auxquelles ils sont destinés. Prétendre instruire un jeune noir ou un petit jaune avec les méthodes qui conviennent à l'enfant blanc, dont l'esprit est façonné par un long atavisme, c'est presque sûrement aller au-devant d'un insuccès. Il faudrait donc des livres pour les écoles d'Afrique; il en faudrait d'autres pour les écoles d'Asie.

Le moment est venu de se mettre sérieusement à cette tâche, aussi sommes-nous heureux de saluer ce premier essai d'un **Livre-Atlas** à *l'usage de l'enseignement des colonies*, non pas de toutes les colonies indistinctement, mais à l'usage de chacune d'elles.

Ce que toutes doivent connaître, c'est la **France**, sa place et son rôle dans le **monde**.

L'exposé sommaire de la géographie de la France et de l'Europe formera donc la partie commune à tous, le lien qui rattachera, les uns aux autres, le Français du nord au Français des tropiques, l'écolier noir du Sénégal à l'Annamite et au Tonkinois de race jaune, le Malgache de teint foncé au créole des îles françaises.

Chacun trouvera ensuite ce qui lui convient plus particulièrement dans des fascicules séparés dont les titres suffisent à indiquer l'objet.

C'est donc une œuvre complète que la librairie Delagrave a conçue et menée à bonne fin, grâce aux collaborations distinguées dont elle a eu le concours. Nous ne mettons pas en doute son succès.

Avril 1900. GÉNÉRAL NIOX.

---

*Partie commune :* **L'Europe. — L'Asie. — L'Afrique. — L'Amérique. — L'Océanie. — La France et ses colonies.**

*Fascicules spéciaux.*

- **1° Colonies de l'Océan Indien :** Madagascar et dépendances. — Réunion. — Côte des Somali. — Établissements de l'Inde.
- **2° Colonies d'Extrême-Orient :** Indo-Chine. — Concessions de Chine.
- **3° Colonies de l'Océan Pacifique :** Nouvelle-Calédonie et dépendances. — Établissements français d'Océanie.
- **4° Colonies de la mer Méditerranée :** Algérie et Tunisie. — Écoles françaises du Levant.
- **5° Colonies de l'Afrique occidentale et centrale :** Sénégal et Soudan. — Côte de Guinée et Dahomey. — Congo et lac Tchad.
- **6° Colonies de l'Océan Atlantique :** Saint-Pierre et Miquelon. — Pêcheries de Terre-Neuve. — Antilles. — Guyane.

---

# LES COLONIES DE L'OCÉAN PACIFIQUE

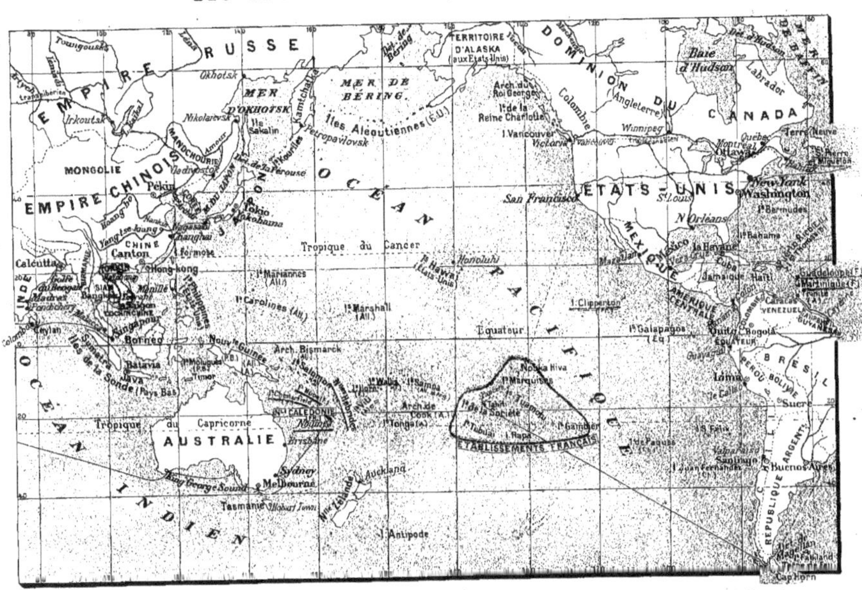


## L'océan Pacifique et l'Océanie.

L'océan **Pacifique**, ou **Grand Océan**, est le plus grand océan du monde. La distance du cap Horn (Amérique) à la côte de Chine (Asie) dépasse 20,000 kilomètres, la moitié du tour du globe terrestre. Les navires à vapeur mettent plus de 40 jours pour franchir cette distance.

Le nom d'océan Pacifique a été donné à ces vastes étendues de mer par *Magellan*, le premier navigateur européen qui les a traversées. Il l'appela ainsi parce que, pendant son long voyage, il n'éprouva aucune tempête et ne rencontra aucune île avant d'aborder aux îles Philippines.

L'océan Pacifique est très profond. En certains endroits, on a trouvé plus de 8,000 mètres de profondeur.

On appelle **Océanie** l'ensemble des terres et îles disséminées dans l'océan Pacifique. Mais ces terres et ces îles ne se ressemblent pas, et on les divise en trois grandes régions :

**la Malaisie**, ou **archipel d'Asie** ;

l'**Australasie** ;

la **Polynésie**, ou **Océanie** proprement dite.

La **Malaisie**, ou **archipel d'Asie**, se rattache à l'Extrême-Orient.

L'**Australasie**, ou **Asie australe**, comprend : le continent d'**Australie**, les grandes îles de **Tasmanie** et de **Nouvelle-Zélande**, etc. L'Australasie appartient à l'Angleterre.

La **Polynésie** comprend un très grand nombre d'archipels d'îles et d'îlots, situés dans la région tropicale. Ces îles s'égrènent de l'ouest à l'est, en diminuant pour ainsi dire de grandeur et de nombre. A partir du 150° de longitude, jusqu'à la côte de l'Amérique, on ne trouve plus que des îlots perdus.

Les principaux archipels et îles de la Polynésie sont : l'*archipel Bismarck*, les *îles Salomon*, les *Nouvelles-Hébrides*, la *Nouvelle-Calédonie*, les *îles Samoa*, les *îles Fidji*, les *îles Tonga*, les *îles Hawaï*, les *îles de la Société*, les *îles Marquises*, *etc*.

Toutes les terres et îles de l'Océanie sont des possessions européennes. Beaucoup sont fertiles et très pittoresques, mais elles offrent surtout des rades, des ports de refuge, des stations de ravitaillement, etc., pour les navires de guerre et de commerce.

## La France en Océanie.

La France possède dans la Polynésie :

1° la **Nouvelle-Calédonie**, avec les petites îles *Loyalty Huon, Chesterfield ;*

2° les **Établissements français de l'Océanie**, qui comprennent : les *îles de la Société (Tahiti, Mooréa)*, les *îles sous le Vent*, *Tuamotu*, *Gambier*, *Tubuaï*, *Marquises*, *Rapa*, *Raïvavae ;*

3° le *protectorat* de l'**archipel des Nouvelles-Hébrides** de concert avec l'Angleterre ;

4° le *protectorat* des **îles Wallis** et **Horn** ;

5° l'*îlot Clipperton*, près des côtes de l'Amérique.

# LA NOUVELLE-CALÉDONIE

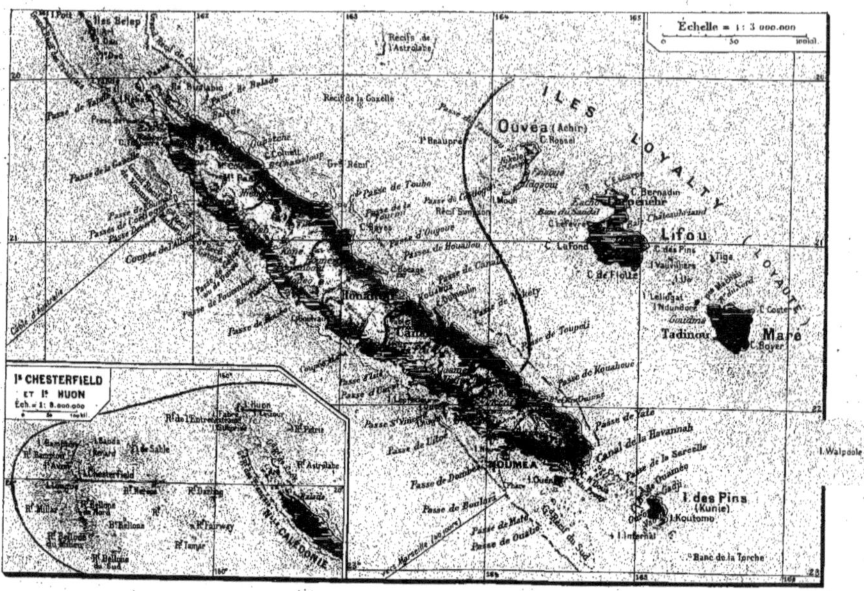


**Aspect général.** — La **Nouvelle-Calédonie** fait partie d'un archipel, qui porte le nom d'archipel calédonien. Mais comme, par rapport aux autres îles de l'archipel, elle est très grande, on considère ces îles comme des dépendances de la Nouvelle-Calédonie. Ce sont :

les **îles Loyalty** (Ouvea, Lifou, Maré), à l'est ;

l'**île des Pins**, qui prolonge au sud-est la Nouvelle-Calédonie ;

les **îles Huon**, qui la prolongent au nord-ouest;

le groupe des **îles Chesterfield**, au nord-ouest.

La Nouvelle-Calédonie est une des plus grandes îles de l'Océan Pacifique. Elle a la forme allongée d'un fuseau, et mesure 400 kilomètres en longueur, sur une largeur moyenne de 55 kilomètres.

Sa superficie dépasse 16,000 kilomètres carrés.

La Nouvelle-Calédonie est située à 4,000 kilomètres environ de l'Indo-Chine française et à 1,000 kilomètres de l'Australie.

**Résumé historique.** — La Nouvelle-Calédonie n'a été découverte par les Européens qu'en 1774. C'est une île en effet très isolée.

Elle est à l'extrémité sud-ouest des archipels polynésiens. Entre elle et l'Australie il n'y a aucune autre île. Elle ne se trouvait donc pas sur les routes maritimes suivies par les navires qui exploraient et faisaient le commerce dans l'océan Pacifique.

C'est le navigateur *Cook* qui débarqua le premier en Nouvelle-Calédonie, et c'est lui qui l'appela de ce nom, parce qu'il trouva que les côtes rocheuses ressemblaient aux côtes de l'Écosse ou Calédonie, une des Iles Britanniques.

Cook ne découvrit pourtant pas par hasard la Nouvelle-Calédonie.

Un navigateur français, *Bougainville*, était déjà passé tout près sans la voir en 1768; mais il avait vu flotter des troncs d'arbres, des herbes, des noix de cocotiers, et il avait deviné et signalé qu'une terre était voisine. Il n'avait pu y aborder, par suite des vents contraires. Cook savait cela, et il partit des Nouvelles-Hébrides dans la direction du sud pour chercher l'île, ou la terre, supposée existante.

Le 4 septembre 1774, à 8 heures du matin, un matelot, *Colnett*, signala le pic qui porte son nom, et le lendemain les navires de Cook, après avoir heureusement franchi les récifs, mouillaient dans la **baie de Balade**. Un peu plus tard, il mouilla à l'**île des Pins**.

Cook trouva dans l'île des indigènes (*Canaques*) très sauvages et anthropophages.

Quelques années plus tard, des marins français visitèrent l'île et séjournèrent à Balade. Un des capitaines de navire, *Huon de Kermadec*, y mourut et fut enterré sur l'îlot Poudioné. Leurs impressions sur les difficultés d'accès de l'île, sur la sauvagerie des habitants et sur la tristesse de la végétation furent les mêmes que celles de Cook. Aussi les navigateurs évitèrent pendant longtemps la Nouvelle-Calédonie.

C'est aux missionnaires catholiques que la Nouvelle-Calédonie doit d'avoir été explorée et colonisée par la France.

Les premiers missionnaires y furent transportés par le navire *le Bucéphale*. Ils abordèrent toujours à Balade où, en 1843, fut déployé le drapeau français. Cette mission dura trois ans, non sans peine. L'hostilité des indigènes força les missionnaires à s'éloigner. Ils revinrent plus tard à Balade et en d'autres points de la côte, mais leurs efforts n'auraient pas réussi à triompher de la résistance des Canaques si, en 1853, le gouvernement français ne s'était pas décidé à prendre possession de l'île, pour venger le massacre de quelques marins.

*Le pavillon français fut planté à Balade le* 24 *septembre* 1853 *et à l'île des Pins le* 27 *septembre.*

L'occupation de la Nouvelle-Calédonie n'était pas un acte isolé de possession dans l'océan Pacifique. Elle correspondait à l'établissement des Français dans la Polynésie et complétait les prises de possession déjà effectuées (Marquises, îles de la Société, etc.).

La Nouvelle-Calédonie fut érigée en colonie le 15 juillet 1860. Elle devint une colonie pénitentiaire. Le premier convoi de condamnés y arriva en 1864.

Une insurrection des Canaques éclata en 1878. Elle fut réprimée, et depuis lors la colonisation a progressé.

## Le sol.

**Les côtes.** — La côte de la Nouvelle-Calédonie est *double.* En effet, pour aborder à l'île elle-même, il faut franchir une ceinture extérieure de *récifs* et d'*îlots madréporiques* qui l'entoure complètement. Des passes, ou *coupées*, en général étroites et peu profondes, sont ouvertes entre les récifs. Mais, dès qu'on a traversé cette barrière, battue par les vagues, les navires se trouvent dans des eaux calmes, et les relations entre les différents points de la côte intérieure sont faciles.

PIROGUE SUR UNE RIVIÈRE

Les principaux récifs sont : à l'est, les *récifs de Cook*, le *Grand récif;* à l'ouest, les *récifs d'Entrecasteaux*, les *récifs des Français*, les *Grands récifs de Koumac*, *Mathieu* et de *Gatope.*

Entre Bourail et la baie de Saint-Vincent, les récifs se rapprochent de la côte intérieure et s'enchevêtrent avec des îles, rendant la navigation dangereuse dans cette seule partie de la côte.

Les passes sont très nombreuses. Les plus praticables aux navires sont : à l'est, les *passes de Balade*, de *Touho*, de *Houaïlou*, de *Canala*, de *Nakéti*, de *Toupéti* et de *Yaté;* à l'ouest, les *passes de Boulari*, de *Dombéa* et de *Uitoé*, qui conduisent à Nouméa, de *Saint-Vincent*, de *Uaraï*, de *Pouambout*, la *coupée de l'Alliance*, les *passes du Coëtlogon*, de la *Gazelle* et de *Gatope.*

On tourne l'île au sud par le *canal de la Havannah* et la *passe de la Sarcelle*, au nord, par la *passe de Yandé*, et par le large espace compris entre les îles Bélep et l'île Paâba, extrémité septentrionale de la Nouvelle-Calédonie.

Le littoral de l'île est très découpé. De nombreuses îles et presqu'îles forment des baies qui sont autant de ports naturels.

La principale baie est celle de *Nouméa*, formée par les presqu'îles *de Nouméa*, *Ducos* et l'île *Nou.*

Viennent ensuite, en partant du nord : la *baie de Balade*, petite, mais facilement abordable, la baie profonde de *Canala* fermée par le *cap Dumoulin*, la *baie du Prony* au sud, la *baie de Boulari*, symétrique de la baie de Nouméa, la *baie de Saint-Vincent*, fermée par de nombreuses îles *(îles Ducos, Hugon, Leprédour*, etc.*)*, la *baie d'Uaraï*, la *baie de Bourail*, la *baie de Gatope*, la *baie de Néhoué*, entre le *cap Tonnerre* et la *presqu'île de Poumé.*

On ne peut énumérer les nombreuses saillies du littoral, ni les îlots qui s'en détachent, comme des morceaux rompus de la terre ferme.

Le *cap N'Doua* et l'*île Ouen* forment l'extrémité sud de l'île, mais elle est prolongée par les récifs qui la relient pour ainsi dire à l'*île des Pins.* Le récif le plus méridional, qui termine en réalité l'alignement de la Nouvelle-Calédonie, est le *banc de la Torche.*

Au nord, les *îles Bualabio* et *Paâba*, qui enferment la *baie d'Harcourt*, sont très près de la terre ferme; mais, comme au sud l'île des Pins, les *îles Belep* prolongent au nord la Nouvelle-Calédonie, et plus loin encore, à 200 kilomètres environ, les **îles Huon**, *Surprise*, *Fabre* et le *Liézour* terminent l'archipel calédonien.

Les caps les plus importants sont formés par des promontoires rocheux qui surplombent le littoral, *cap* et *pic Colnett*, *cap* et *pic Bayes*, *Mont-Dor*, etc.

**Le relief du sol.** — La Nouvelle-Calédonie est une île très montagneuse. En général, la montagne borde de très près la côte orientale, et laisse au contraire sur la côte occidentale une bande de plaine variant de 10 à 30 kilomètres. La côte orientale est par conséquent bordée de falaises, tandis que la côte ouest est basse.

L'altitude moyenne dans l'intérieur de l'île est d'environ 500 mètres, mais plusieurs pics dépassent 1,000 mètres et quelques-uns atteignent 1,600 mètres. Les altitudes sont plus fortes dans les massifs du sud que dans ceux du nord. Au nord, *pic de Balade* (670 mètres), *Signal* ou *pic Colnett* (1,514 mètres), *pic Panié* (1,642 mètres), au nord, *pic Humboldt* (1,634 mètres), *mont Ouen* (1,319 mètres), *mont Saint-Vincent* (1,445 mètres), au centre, la *Table-Unie* (1,008 mètres), visible des deux côtes est et ouest, forme pour ainsi dire le nœud de l'île.

Ces montagnes sont boisées, mais leur verdure est d'une couleur sombre, et quand on voit l'île de la haute mer, ou des passes, le relief a un aspect triste. Pourtant les paysages de l'intérieur sont souvent pittoresques et attrayants.

L'île est trop étroite pour qu'il y ait de grandes vallées et de longs cours d'eau. Entre les massifs, les parties basses s'appellent plaines.

**Les eaux.** — Les rivières calédoniennes sont courtes, mais abondantes; elles forment souvent des chutes et des cascades très pittoresques et leurs vallées sont très fertiles.

La principale rivière est le **Diahot**, la seule qui coule dans l'axe de l'orientation de l'île. Toutes les autres rivières sont perpendiculaires à l'arête centrale.

Le Diahot vient du mont Panié et a un cours d'environ 100 kilomètres; il se jette dans la baie d'Harcourt, après avoir traversé de belles forêts dans la haute vallée, très encaissée, et arrose une plaine large et fertile, dans laquelle on peut le remonter en barques pendant 40 kilomètres.

Les autres rivières ne dépassent pas 50 kilomètres; ce sont : à l'est, le *Ouaieme*, dont la source est voisine de celle du Diahot; la *rivière de Hienghène*, une des plus pittoresques de l'île (grottes et chutes); la *Tillaca ;* la *Houaïlou ;* la *Ouinné* avec la baie du même nom; la *rivière de Yate*, qui vient d'un plateau marécageux, dit *plateau des Lacs;* de ce plateau, qui domine les pointes sud de l'île, sort également la *rivière des Mac.is.* A l'ouest, coulent en plaine de très nombreux ruisseaux et torrents: le *Tontouba*, la *Foa*, la *Aéra*, les *rivières de Poya* et de *Pouemboul*, la *Néhoué*, etc. Toutes ces rivières, dont les embouchures recueillent de nombreux et petits affluents, peuvent être remontées par des pirogues et des canots sur quelques kilomètres, et elles peuvent servir comme force motrice.

**Climat.** — Le climat est absolument salubre. La chaleur est constamment tempérée par les brises fraîches de mer qui soufflent périodiquement à certaines heures de la journée, et par les vents alizés du sud-est, qui règnent une grande partie de l'année.

L'année est partagée, comme sous les tropiques, en 2 saisons, séparées par des périodes intermédiaires de quelque durée. Pendant la saison chaude et pluvieuse, de décembre à mars, la température moyenne est de 25°. Pendant la saison sèche et fraîche, de mai à octobre, la température moyenne est de 19°.

Les sécheresses sont fréquentes, mais des sources nombreuses entretiennent toujours la fraîcheur de la végétation. Des ouragans ou typhons atteignent parfois la colonie de décembre à mars, mais ils sont en général peu redoutables.

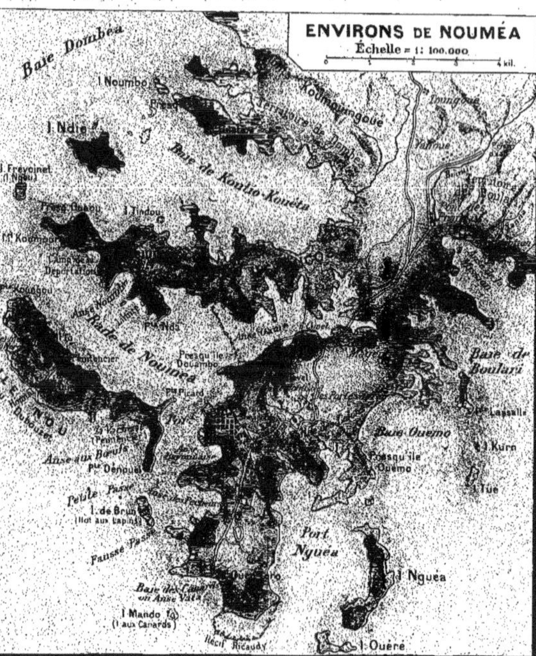


Il n'existe dans l'île ni fièvres, ni maladies endémiques. Les marécages ne sont pas malsains. Les Européens, même les enfants, s'y acclimatent fort bien. La principale précaution hygiénique est de s'éloigner le plus possible des Canaques qui sont souvent phtisiques.

**Administration.** — La Nouvelle-Calédonie forme un gouvernement colonial.

Le **Gouverneur** a sous ses ordres directs : le commandant militaire; le commandant de la station navale locale; le directeur de l'intérieur chargé de l'administration intérieure de la colonie à l'exception de celle des territoires pénitentiaires; le directeur de l'administration pénitentiaire avec un important personnel de fonctionnaires techniques, de comptables et de surveillants militaires; le Procureur de la République, chef du service judiciaire; le directeur des services administratifs de la marine; le directeur de l'artillerie; le chef du service de santé; le trésorier-payeur, etc..

Ces fonctionnaires composent, avec deux conseillers coloniaux nommés par le gouverneur, un **conseil privé de gouvernement**. Ce conseil donne son avis sur les questions d'administration locale, sur les dépenses, etc... et se constitue, avec adjonction de deux magistrats désignés chaque année par le gouverneur, en *conseil du contentieux administratif.*

Un *Inspecteur des services administratifs* contrôle les différents services et correspond directement avec le ministre.

**Organisation politique.** — La colonie est représentée en France par un **délégué au Conseil supérieur des Colonies**, élu par le suffrage universel.

Le suffrage universel élit également un **Conseil général** de 16 membres dont les attributions s'étendent à l'examen des questions concernant le régime des douanes et l'établissement de certaines taxes.

*Nouméa* seul a un conseil municipal. Dans les autres centres fonctionnent des *commissions municipales*, composées de trois à cinq membres, élus pour deux ans par le suffrage universel. Le président est de droit officier de l'état civil; dans les autres centres le gouverneur désigne un officier de l'état civil.

**Divisions territoriales.** — Le territoire de la Nouvelle-Calédonie est divisé en 5 *arrondissements : Nouméa*, **Canala, Houaïlou, Touho** et **Ouégoa**, ayant à leur tête un *administrateur*.

Les îles Loyalty sont placées sous l'autorité d'un *administrateur résident* ayant sous ses ordres deux agents, l'un à Lifou, l'autre à Maré.

**Principales localités.** — Les principales localités sont : **Nouméa** (8,000 habitants), chef-lieu de la colonie, siège du gouvernement et des services administratifs, seul grand port de commerce international, possédant une belle rade bien aménagée.

**La Foa** (1.200 habitants) est un centre de colonisation libre et de concessions d'origine pénale. Une fabrique de tabac, une tannerie, de grandes cultures de café, d'importants établissements d'élevage de bœufs existent dans les environs.

**Bourail**, habité principalement par des libérés, est un des centres les plus fertiles et pourtant les moins prospères de l'île. Il possède une usine à sucre.

*Pouembout*, dont le territoire possède de belles mines de nickel.

*Hienghène*, *Koné*, centres libres très prospères, qu'entourent de belles plantations de café et de manioc.

*Thio*, centre libre où l'on cultive le café, le manioc et le tabac.

*Ouaco*, renommé par ses pâturages et l'élevage des bœufs.

*Canala*, *Houaïlou*, dont les environs se prêtent bien à la culture du café et à l'élevage.

**Enseignement et Cultes.** — Le budget de l'enseignement est d'environ 70,000 francs. Il existe à Nouméa un collège et deux écoles laïques.

51 écoles rurales, laïques ou congréganistes (R. P. Maristes, sœurs de Saint-Joseph-de-Cluny) comptent environ 2,400 élèves.

A Saint-Louis, près Nouméa, les sœurs de Saint-Joseph-de-Cluny ont créé un pensionnat de filles.

Les écoles indigènes des Loyalty sont confiées à la mission protestante subventionnée.

Le culte catholique est exercé par des prêtres du clergé paroissial ou des missions dans 20 communes. Le chef du service des cultes est le supérieur de la mission mariste; il relève de l'évêque des Nouvelles-Hébrides. Le culte réformé est exercé à Nouméa et aux îles Loyalty par des pasteurs.

**Justice.** — La Nouvelle-Calédonie forme un ressort particulier comprenant :

**6 Justices de paix** (Nouméa, Bourail, Canala, Ouégoa, et Lifou). Le juge de paix est nommé par le président de la République, le greffier fait fonction de notaire.

**Un tribunal de première instance**, siégeant à Nouméa, composé d'un juge président, d'un lieutenant de juge chargé de l'instruction, d'un juge suppléant et d'un greffier.

**Un tribunal supérieur**, composé d'un président et de trois juges. Le greffier est le même que celui du tribunal de première instance.

Ce tribunal supérieur siège au criminel avec l'adjonction de quatre assesseurs choisis par le gouvernement sur une liste de 30 notables.

*Un tribunal de commerce*, composé du président du tribunal de première instance et de deux assesseurs désignés à tour d'inscription sur une liste de 10 membres désignés par le gouverneur, et de 20 membres élus par les patentés français, siège à Nouméa.

Des défenseurs près les tribunaux sont chargés des fonctions d'avocats et d'avoués.

**Armée et Marine.** — La Nouvelle-Calédonie est défendue sur toute la côte par la ceinture de corail qui l'entoure. Le débarquement est impossible excepté sur la rade de Nouméa, qui forme une excellente base d'opérations pour notre division navale du Pacifique. La rade est défendue par de vieilles batteries. La garnison, placée sous les ordres d'un lieutenant-colonel, compte 42 officiers et 2,200 hommes.

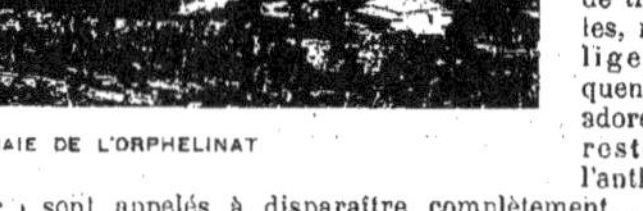

NOUMEA ET LA BAIE DE L'ORPHELINAT

**Finances.** — Le service des finances est dirigé par un *trésorier-payeur*.

Les recettes et dépenses sont réparties sur trois budgets : 1° Le budget métropolitain, s'élevant à 1,408,854 francs en 1898 (administration générale et subventions aux lignes de paquebots);

2° Le budget des services de la transportation ;

3° Le budget local s'élevant à plus de 3,500,000 francs.

Pour faciliter le mouvement des recettes et paiement, des caisses ont été ouvertes et confiées aux agents du télégraphe dans 16 centres de l'île.

**Population et main-d'œuvre.** — La Nouvelle-Calédonie compte environ 60,000 habitants, répartis de la façon suivante :

| | |
|---|---|
| Population blanche libre | 5,800 âmes. |
| Population blanche pénale | 7,200 — |
| Population pénale libérée | 2,700 — |
| Fonctionnaires et militaires | 3,200 — |
| Engagés, Indiens, Chinois, Annamites, Océaniens | 4,200 — |
| Canaques | 35,000 — |

Les Canaques, qui forment le fonds de la population indigène, appartiennent à une race mélangée des types mélanaisiens et malayopolynésiens. Leur nombre, qui dépassait 100,000 vers 1860, diminue chaque jour par suite des ravages de l'alcoolisme et de la phtisie. Les Canaques vivent cantonnés dans des réserves, d'où il ne sort qu'un petit nombre de travailleurs dociles, mais peu intelligents. Ils pratiquent la polygamie, adorent des fétiches, restent enclins à l'anthropophagie. Ils sont appelés à disparaître complètement.

Les Chinois s'engagent comme cuisiniers et boys[1].

1. Les travailleurs libres sont :

Les Javanais, laborieux, disciplinés, intelligents ; ils s'engagent pour cinq ans sur les plantations riches; les hommes sont payés 16 fr. 60 par mois et les femmes 12 fr. 60 (une prime de 200 francs est en outre payée aux recruteurs).

Les Annamites, intelligents et actifs, mais plus difficiles à diriger, s'engagent également pour 5 ans, à raison de 20 francs par mois (prime de 300 francs aux recruteurs).

Les indigènes des Loyalty, excellents travailleurs, mais d'un caractère susceptible, parfois violent, ont émis ces dernières années des prétentions excessives qui ont ralenti le recrutement de cette main-d'œuvre.

Les Néo-Hébridais, aussi exigeants, sont intelligents, mais légers et lents.

La main-d'œuvre blanche est fournie par les libérés, d'humeur vagabonde et inquiète, irréguliers et débauchés, qu'il est prudent de n'engager qu'à forfait et pour un travail de courte durée. Enfin le service pénitentiaire met des libérés conditionnels, moyennant rémunération, à la disposition des colons; leurs services sont en général peu appréciables.

Le prix de la vie est peu élevé (pain blanc, 0 fr. 40 le kilog., viande de bœuf, 0 fr. 75 à 1 fr. 20 le kilog.; le bon vin ordinaire, 120 francs la barrique; café, 2 fr. 75 le kilog.; vache laitière, 100 à 150 francs; porc, 35 francs; une oie, 4 francs).

L'installation d'un colon agricole sur une exploitation de 400 hec-

**Plantes et animaux.** — L'île est riche en fleurs et en plantes.

Les forêts contiennent des essences précieuses très variées (bois de tamanou, ébène, hêtre moucheté, santal, bois de rose, kaori, etc.). Les plantes tropicales se mêlent sur les plantations aux espèces des pays tempérés : cocotiers, bananiers, cannelliers, cotoniers, caféiers, orangers, mandariniers, manguiers, pêchers, pruniers, cerisiers, etc. Les plantes industrielles sont : l'indigo, le tabac, la canne à sucre, les luzernes, le maïs, la vanille et les légumes de toutes sortes.

Les animaux sont nombreux, mais il n'y a pas d'animaux féroces ni venimeux : les forêts contiennent des cerfs d'importation indo-chinoise, des porcs sauvages, des pigeons, des cagous, des poules sultanes, des merles, des perruches. La sauvagine abonde dans les marais.

Les oiseaux de proie constituent seuls un danger sérieux pour les basses-cours. Sauf quelques lézards il n'y a pas de reptiles dans la colonie. En revanche les moustiques sont très incommodes ; l'emploi d'un moustiquaire est indispensable pendant la nuit. De temps à autre, les sauterelles dévastent les plantations de maïs.

L'élevage des animaux utiles à l'agriculture et à la boucherie, quadrupèdes et volailles, est très important.

**Production.** — La moitié de la surface de l'île (un million d'hectares), avec son sous-sol minier, se prête aux reboisements et aux pâturages, 120,000 hectares sont couverts de forêts, 400,000 hectares sont exclusivement propres aux pâturages, 400,000 hectares peuvent être appropriés aux cultures les plus variées, dont 200,000 hectares plus particulièrement à celle du café.

La culture par excellence est celle du *café*, de qualité très supérieure. Il réussit à merveille dans les terrains alluvionnaires, dont l'épaisseur atteint parfois 6 mètres[1].

HABITATION D'UN COLON

Les autres cultures sont celles :

du *maïs*, qui peut donner par an deux récoltes ;

des *haricots fayols*, qui donnent également deux récoltes ;

du *riz*, qui réussit bien dans les terres humides ;

du *manioc*[1], qui vient à peu près partout, et sert à la nourriture du colon et à l'engraissement des volailles. Traité par l'industrie, il donne d'excellent *tapioca ;*

du *tabac*, qui donne jusqu'à trois récoltes par an ;

de la *luzerne*, qui fournit six à sept coupes par an et forme la culture principale des centres d'élevage ;

de l'*indigo*, du *coton*, de la *vanille*, qui ont été l'objet d'exploitations très heureuses.

Les plus importantes plantations sont celles des *cocotiers.* Cet arbre donne environ par an 60 fruits, dont les noix, sous forme de *coprah*, se vendent 200 francs environ la tonne, un hectare compte 200 cocotiers environ.

Les plantations d'*ananas*, récemment tentées, ont donné des produits d'une qualité très supérieure.

Parmi les cultures qui peuvent encore être l'objet de l'activité des colons, citons celles de la *ramie*, du *lichti*, des *oliviers*, des *avocatiers*, des *cacaoyers*, etc.

**Industrie.** — L'industrie agricole est la seule qui peut, pour le moment, solliciter l'initiative du petit colon.

L'industrie libre (*V. pour l'industrie pénitentiaire au* § *Administration pénitentiaire*) comprend : l'exploitation des *forêts*, la pêche du *poisson*, très abondant sur les côtes (et qui pourrait donner lieu à un important trafic avec la Chine), et des *coquillages à nacre ;* une *manufacture de tabac* à Bourail ; des *féculeries* traitant le manioc ; des usines pour l'extraction d'*huile de coco* et la préparation du *coprah ;* une *savonnerie ;* une *distillerie d'alcool d'ananas ;* des briqueteries, des scieries à vapeur, une importante corderie mécanique.

L'industrie minière doit devenir très importante.

Le *cobalt* et le *nickel* sont depuis longtemps déjà régulièrement exploités sur divers points.

D'importantes mines de *cuivre* sont exploitées dans le nord de l'île, dans le voisinage d'Oégoa.

L'*or* a été reconnu dans la même région, et, sur la côte est, dans le cours de la Tiwaha et de la rivière Saint-Louis.

Le *plomb* a été découvert près des grottes de Djalabel, l'*antimoine* près de Nakéty.

Enfin les *terrains houillers* comprennent plus de dix gisements et couvrent près de 50,000 hectares. (Le prix de la tonne de charbon peut être abaissé à 12 fr. 50 ; le rendement annuel peut être de 1,200,000 tonnes qui trouveraient en Australie un facile débouché.)

**Mouvement commercial.** — En 1887 les importations étaient de 8,053,000 francs, et les exportations de 2,406,000 francs. Le développement des cultures de café a déterminé une importante reprise des affaires.

En 1896, l'importation a monté à près de 9 millions et l'exportation à plus de 5 millions et demi.

---

tares propres à la culture ou à l'élevage, comporte les dépenses suivantes :

| | |
|---|---|
| Achat du terrain | 16.000 francs. |
| Construction d'une maison, hangars, étables | 5.000 — |
| Instruments et matériel agricoles | 1.000 — |
| Animaux de trait et d'élevage | 3.200 — |
| Salaire pour 9 engagés | 3.200 — |
| Vivres pour 12 personnes pour 1 an | 5.000 — |

Au bout de 7 ans une exploitation ainsi constituée rapporte au minimum 12,000 francs de bénéfices nets. Ce bénéfice est doublé à la fin de la dixième année.

1. Les premières plantations furent faites en 1855 dans les vallées de Canala et Nakéty ; elles se développèrent à partir du jour où, grâce à des plantations d'acacias noirs, on trouva moyen d'abriter les jeunes plants originaires de la Réunion et des Antilles contre les ardeurs du soleil. Mais c'est depuis 1893 que les plantations de café ont pris une grande extension : elles ont fourni à l'exportation en 1893, 43,730 kilog. (88,170 francs) ; en 1895, 231,800 kilog. (500,000 francs) ; en 1898, la récolte a dépassé 600,000 kilogrammes.

Le café est vendu en Calédonie, après récolte, 2 fr. 50 à 2 fr. 60 le kilogramme.

1. **Le manioc.** — Le manioc, originaire du Brésil, est un arbrisseau de la famille des Euphorbiacées : il atteint de 2 à 3 mètres de hauteur. Ses racines contiennent une très grande quantité de fécule. Les fleurs ne donnent point de graines fécondes.

On peut planter 4,000 pieds à l'hectare. Chaque pied donne environ 4 tubercules, pesant chacun de 2 à 3 kilogrammes. La récolte moyenne à l'hectare est d'environ 25,000 kilogrammes.

Le tapioca vient de la fécule du manioc.

Le *couac* est la râpure du manioc cuite à feu doux ; elle se conserve longtemps et se mange en guise de pain.

La *cassave* est une galette formée de râpure de manioc étendue d'eau, qui sert communément de pain dans beaucoup de plantations.

**Établissements de commerce et de crédit.** — Nouméa possède une chambre de commerce, une chambre d'agriculture et une société agricole.

La banque d'Indo-Chine a une succursale à Nouméa; ses billets ont cours obligatoire.

Il existe également une banque française privée.

Le *Comptoir des intérêts coloniaux* a une agence à Nouméa.

**Moyens de transport et Communications.** — 1° *A l'intérieur :* Les routes sont rudimentaires, mais toutefois suffisantes pour les besoins des concessions : la longueur des routes ne dépasse guère 200 kilomètres.

Ces routes sont celles : de Nouméa à l'anse Vata (4 kil.); à Magenta (5 kil.); à Boulouparis (8 kil.); du pont des Français à la Coulée (11 kil.); de la Foa à Boulouparis (40 kil.); à Téremba (18 kil.); de Téremba à Moindou (4 kil.); de Canala à Nakéty (13 kil.); de Bourail à la mer (11 kil.). Des sentiers muletiers sillonnent le pays.

C'est surtout par voie maritime que se font les transports d'un point de l'île à l'autre : les bateaux à vapeur d'un service subventionné passent tous les 15 jours dans les petits ports du littoral. La navigation côtière est très active et très sûre.

2° *Avec la France :* Les relations sont assurées :

1° Par les *paquebots des Messageries Maritimes de la ligne australienne*, dont une annexe fait la correspondance entre Sydney et Nouméa (prix du passage : en 1re classe, 1,875 francs; en 2e classe, 1,150 francs; en 3e classe, 575 francs. Fret : 70 francs par 750 kilogrammes ou par mètre cube. Durée du trajet : 33 jours. Départs de Marseille tous les 28 jours.

2° Par la voie anglaise Brindisi-Sydney et correspondance pour Nouméa (durée du trajet : 45 jours).

PRESQU'ILE DUCOS — ENCEINTE FORTIFIÉE

**Postes et Télégraphes.** — La Nouvelle-Calédonie est reliée au réseau international par le câble Bundaberg (Queen'sland) à Ouaco (Nouvelle-Calédonie) qui appartient à une société française. Prix du mot : via Malte ou Russie-Singapour, 12 fr. 60; via Malte ou Russie-Moulmein, 14 fr. 82; via Vladivostock-Singapour, 12 fr. 25.

A l'intérieur, le service postal et télégraphique ainsi que celui des mandats est assuré dans tous les principaux centres agricoles par une trentaine de bureaux.

**Colonisation libre.** — Le gouvernement métropolitain, pour favoriser le développement de la colonisation libre, a institué le régime des concessions, en faveur des immigrants, des fonctionnaires, officiers ou sous-officiers retraités dans la colonie et des enfants nés dans la colonie.

Les immigrants, justifiant d'un capital de 4,000 francs, obtiennent pour eux et leur famille, à condition de se livrer à l'agriculture : le transport gratuit en 3e classe, de leur domicile à Marseille; le passage gratuit, sur le pont, de Marseille à Nouméa et de Nouméa à la résidence choisie, une concession territoriale gratuite, composée d'un lot de village de 10 ares et d'un lot rural de 4 hectares de terres à culture et de 20 hectares de pâturages, une délivrance de vivres, de graines et d'outils d'une valeur de 150 francs.

Les concessions sont définitives au bout de 5 ans, si elles sont mises en culture.

Les résultats obtenus par ces mesures ont favorisé l'établissement d'une quarantaine de centres agricoles libres et la mise en valeur de près de 2,000 hectares de terre.

**Colonisation pénale.** — Le décret du 3 septembre 1863 a désigné la Nouvelle-Calédonie comme lieu de transportation des condamnés aux travaux forcés et des relégués en vertu de la loi sur les récidivistes. Un premier convoi de 250 condamnés à plus de 8 ans de travaux forcés quitta Toulon le 2 janvier 1864.

Nouméa est le siège de l'administration centrale des établissements pénitentiaires.

**Camp de Montravel.** — Les transportés à l'île de Ré sont dirigés à leur arrivée sur le camp de Montravel, où ils sont classés d'après leurs antécédents et leurs aptitudes professionnelles.

**Ile Nou.** — Les récidivistes et les malfaiteurs réputés dangereux sont envoyés aux pénitenciers de l'Ile Nou qui peuvent contenir 2,300 transportés. C'est là qu'ont été concentrés des ateliers très importants de serrurerie, de forges, de fonderies, de charronnage, de tonnellerie, de tailleurs, de cordonniers, de chapeliers et une briqueterie.

A l'annexe du camp Est séjournent les corvées qui sont envoyées chaque jour à Nouméa pour exécuter les travaux d'utilité publique. L'île Nou possède également un hôpital où sont évacués tous les malades relevant de la surveillance pénitentiaire — un hospice d'aliénés — une ferme qui fournit le fourrage nécessaire aux bêtes, le lait, les œufs et la volaille dont a besoin l'hôpital — une école dirigée par un instituteur et une institutrice et comptant une trentaine d'élèves.

**Presqu'île Ducos.** — Elle était autrefois réservée à la déportation qui se fait maintenant à l'île des Pins : elle possède une prison où les libérés purgent les peines d'emprisonnement ou de réclusion encourues depuis leur libération. Un hôpital situé dans la vallée de Numbo est réservé aux libérés malades. Une école y reçoit les enfants des surveillants et employés.

**Koé-Nemba**, situé sur la rivière de la Dumbéa. Cet établissement comprend 3,350 hectares de terre, dont 1,500 propres aux cultures et 1,850 aux pâturages. D'importantes plantations de cannes peuvent produire annuellement 400 tonnes de sucre et 400,000 litres de rhum. Un vignoble y a été planté avec succès. On y voit encore une briqueterie, un four à chaux, et de belles étables.

**Fonwhary** était autrefois un lieu d'apprentissage pour les condamnés qui devaient être prochainement envoyés en concessions. Ce n'est plus qu'un centre de concessions d'origine pénale.

**La Foa**, centre agricole très productif, est partagé en concessions à des condamnés ou libérés. Il compte quelques ateliers de menuiserie, de charronnage, etc...

**Téremba** possède également des ateliers et des magasins de dépôts.

**Bourail** est le centre le plus actif de la colonie et aussi le plus intéressant; il est formé de concessions d'origine pénale exploitées par des libérés. Les sœurs de Saint-Joseph-de-Cluny y dirigent un établissement où sont transférées les femmes provenant des maisons centrales de France qui ont demandé à être transportées pour contracter mariage avec les condamnés concessionnaires. Les ménages ainsi constitués ont généralement donné d'assez bons résultats.

**Bacouya**, près Bourail, possède une usine à sucre et une distillerie de rhum traitant les produits d'une plantation de 70 hectares. Près de là, se trouve un internat agricole comptant environ 120 élèves et destiné à former des contremaîtres d'exploitation.

**Pouembout-Koniambo** est un centre important de concessionnaires en cours de peine; on y voit également de petits lots de jardins cultivés par les condamnés trop vieux pour faire valoir de plus importantes concessions.

**Ouégoa** a un camp, où cantonnent les travailleurs d'origine pénale employés aux mines de Balade.

**La baie de Prony** possède des chantiers d'exploitation de bois précieux.

**Transportés, libérés, concessionnaires.** — Les transportés en cours de peine sont divisés en 5 classes; les nouveaux venus appartiennent à la 5e classe. Ceux qui se conduisent bien peuvent, après un séjour minimum de 6 mois dans chaque classe, être de 1re classe au bout de 3 ans. Après ce temps ils peuvent, jusqu'à la fin de leur peine, être mis en concessions ou à la disposition de la colonisation libre, moyennant une indemnité versée par l'engageur à l'administration pénitentiaire. Ils reçoivent, dans le premier cas, une case, un trousseau, des outils, et un petit domaine de 2 à 10 hectares.

Quand le terme de sa peine est échu, le transporté est libéré, mais ne peut quitter la colonie. S'il en est jugé digne, on le rend propriétaire définitif d'une concession. Si au contraire sa conduite n'a pas été suffisamment bonne, il lui est délivré une sorte de patente qui lui permet de s'engager sur les plantations.

**Conclusion.** — La colonisation pénale en Nouvelle-Calédonie n'a donné ni les résultats moraux ni les résultats économiques en rapport avec les dépenses occasionnées. Les concessions d'origine pénale sont peu nombreuses, les libérés non concessionnaires constituent un élément réfractaire à tout travail suivi et utile.

La main-d'œuvre pénale, obligatoire pour les condamnés à raison de 8 heures par jour, n'a contribué que dans une très faible mesure au développement des moyens de communication et au défrichement des terres. Elle suffit à peine à la fabrication et à l'entretien du matériel de l'administration pénale.

En revanche, par suite de la salubrité et de la fertilité de l'île, la colonisation libre, débarrassée du voisinage néfaste de la colonisation pénale, pourrait en faire une des colonies les plus prospères du monde, plus riche que Bourbon et les Antilles.

## ILE DES PINS (KUNIE)

La petite **île des Pins** est à 50 kilomètres au sud-est de la Nouvelle-Calédonie, dont elle est séparée par une série d'îlots, qu'on franchit par deux passés : *Havannah* et la *Sarcelle*. C'est une île madréporique, en forme de plateau. Le sol est aride, les côtes sont basses et très boisées (sapins). Le point le plus élevé de l'île est le *pic Nga* (266 mètres).

Deux baies, *Ouaméo*, au nord, et *Oupi*, au sud, avec l'île de *Koutomo*, offrent de bons mouillages. Le climat est très doux.

L'île est un centre de relégation et dépend de l'arrondissement de Nouméa.

Principaux villages : *Gadgi*, *Ouro*, *Vao*.

## ILES LOYALTY

Le groupe des **îles Loyalty** dépend géographiquement et administrativement de la Nouvelle-Calédonie : il forme une sorte de chaîne dont la direction générale est parallèle à celle de la Nouvelle-Calédonie.

Il est composé de trois îles principales : **Maré**, **Lifou** et **Ouvéa** ou **Achir**, et d'un grand nombre d'îlots inhabités, sauf *Tiga*, *Ndunduré*, *Mouli*.

L'île la plus septentrionale du groupe est le *récif de l'Astrolabe*, la plus méridionale est l'*île Walpole*.

L'archipel est séparé de la Nouvelle-Calédonie par un canal de 80 milles environ.

Ces îles sont de formation madréporique. Les côtes sont escarpées et entourées d'une ceinture de coraux.

Superficie totale : environ 200,000 hectares (Lifou 115,000 hectares, Maré 65,000 hectares, Ouvéa 16,000 hectares).

La population indigène s'élève à environ 20,000 âmes, elle appartient à la race Malayo-Polynésienne métissée, à peu près semblable aux Canaques calédoniens. Toutefois les indigènes des Loyalty, intelligents et vigoureux, fournissent à la Grande Terre des travailleurs actifs, quoique exigeants.

La population européenne compte une trentaine de familles et environ 200 âmes.

La population totale est répartie en 18 villages dont les principaux sont : *Chépénéhé* (Lifou), *Ouvéa*, *Radinou* (dans l'île Maré).

Un **résident** habite à Maré, où il remplit les fonctions d'officier de l'état civil. Il a deux délégués : l'un à *Lifou*, l'autre à *Ouvéa*, qui exercent les mêmes fonctions. Une *justice de paix* existe à Lifou.

ILES LOYALTY — COLONS A MARÉ

Les trois grandes îles sont couvertes de superbes forêts renfermant les essences les plus variées et les plus précieuses, de belles plantations de cannes et de caféiers, de cocotiers, de bananiers, etc.

Les îlots sont, au contraire, dénudés et stériles, mais recouverts d'épaisses couches de guano.

## ILES HUON

A 280 kilomètres dans le nord-ouest de la Nouvelle-Calédonie se dresse dans la mer de Corail le groupe des quatre **îles Huon** (*Huon*, *Surprise*, *Fabre* et *Leizour*).

Elles sont couvertes d'une végétation rachitique, brûlée par les vents du large et étouffée par les épaisses couches de guano qu'y déposent des multitudes d'oiseaux de mer. Le village de *Huon* groupe autour d'un ancien établissement français une centaine de Néo-Hébridais occupés à la récolte du guano (que viennent enlever des cargo-boats de la société des Nouvelles-Hébrides), et à la pêche des innombrables tortues qui fréquentent les bancs de sable rose des criques de ces îles.

## ILES CHESTERFIELD

A 900 kilomètres, dans le nord-ouest de la Nouvelle-Calédonie et à 400 kilomètres dans l'ouest des îles Huon, se trouve le groupe des **Chesterfield** dont la France a pris possession en 1878.

Il compte un très grand nombre d'îlots et de récifs madréporiques, dont la superficie totale ne dépasse pas un millier d'hectares.

Ces îles présentent les mêmes caractères que les îles Huon; elles sont couvertes de précieux gisements de guano, exploités de temps en temps, et sont le rendez-vous de multitudes d'oiseaux de mer et de tortues. Sur leurs grèves se trouvent de grandes quantités de coquilles à nacre; leurs parages sont fréquemment visités par une espèce de baleine (hump-bac) dont la chasse est devenue très difficile. Des refuges existent sur l'*île Longue* et sur la *Bellone* du sud-ouest.

# LES NOUVELLES-HÉBRIDES

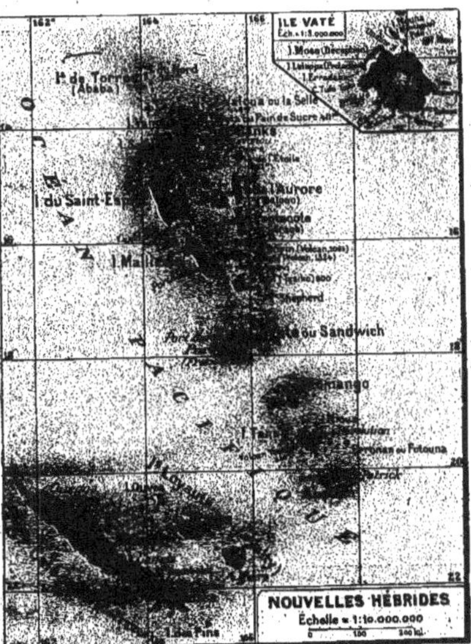


Au nord-est de la Nouvelle-Calédonie, l'**Archipel des Nouvelles-Hébrides** s'étend suivant une direction générale nord-sud. L'île la plus septentrionale (*île du Nord*) est distante de 900 kilomètres de l'île la plus méridionale (*île Anatom*) qui est située à 400 kilomètres de Nouméa.

L'archipel comprend une quarantaine d'îles, divisées en trois groupes :

1° au nord : le groupe des **îles de Torrès**, formé d'une demi-douzaine d'îlots de très faible surface ;

2° le groupe des **îles Banks** (îles *Valoua*, *Vanoua-lava*, île *Sainte Marie*, île *Mota*, île *Sainte-Claire*), dispersées sur un carré d'océan de 180 kilomètre de côté ;

3° au sud : les **Nouvelles-Hébrides** proprement dites, dont les plus importantes sont, en allant du sud au nord, *Tanna*, *Erromango*, *Vaté* ou *Sandwich*, *Api*, *Ambrym*, *Mallicolo*, l'île *du Saint-Esprit* (la plus grande de l'archipel), et les *îles des Lépreux* et de l'**Aurore**.

La superficie totale de l'archipel est de 1,500,000 hectares environ. Les îles forment une chaîne volcanique, dont les sommets varient de 100 à 1,000 mètres d'altitude. On y compte 5 volcans, dont les plus actifs sont ceux de : *Tanna* et d'*Ambrym*. L'action continue des feux intérieurs modifie à chaque instant les fonds de mer voisins.

La plupart des îles de l'Archipel présentent des caractères communs. Leurs côtes orientales s'élèvent sur des hauts fonds et sont bordées de falaises à pic ; la partie occidentale est moins raide, mais ne présente que peu de plages.

Le littoral n'est presque jamais entouré de coraux.

Dans l'intérieur sont des plateaux étagés ; le sol est couvert d'une brousse très dense qui s'étend jusqu'à la mer ; l'humus, très profond, est entretenu très humide par de nombreux cours d'eau ; il est d'une rare fertilité.

**Résumé historique.** — Les Nouvelles-Hébrides furent reconnues pour la première fois, en 1616, par Quiros, qui releva l'île du Saint-Esprit.

En 1768, *Bougainville* leur donna le nom de *Grandes-Cyclades*.

En 1774, Cook visita tout l'archipel et lui donna son nom actuel.

*Lapérouse* y fit son dernier voyage en 1788 et périt à Vanikoro où Dumont-d'Urville retrouva les restes de ses navires en 1828.

En 1840, les Nouvelles-Hébrides furent très fréquentées par les navires européens qui venaient y chercher le bois de santal.

En 1853, l'amiral *Des Pointes*, chargé de prendre possession de la Nouvelle-Calédonie, les comprit dans les dépendances de la grande île.

En 1877, des missionnaires presbytériens d'Australie réclamèrent du gouvernement britannique la prise de possession de l'archipel, alors que les colons anglais qui y étaient établis sollicitaient la France d'en confirmer l'annexion.

En 1880, *Higginson*, citoyen français, fonda la Compagnie calédonienne des Nouvelles-Hébrides, destinée à mettre en valeur ce sol si fertile.

PAYSAGE DES NOUVELLES-HÉBRIDES (API)

En 1886, elles furent occupées militairement par la France, qui envoya une compagnie d'infanterie de marine à *Port-Havannah*. Mais l'année suivante, la petite garnison fut retirée, et les deux puissances, Angleterre et France, signèrent une convention encore en vigueur, aux termes de laquelle une commission navale mixte anglo-française fut chargée exclusivement de protéger les sujets français et anglais contre la férocité des indigènes.

De cette situation sont résultés de nombreux conflits ; aucune organisation administrative n'a pu être tentée.

Les 250 colons répartis dans les diverses îles vivent, en très bonne intelligence d'ailleurs, dans un état social anarchique ; aucune institution locale ne sanctionne les actes de la vie civile ou économique

**Population.** — En dehors de 250 Européens, l'archipel est habité par environ 60,000 Canaques, de races mélanésienne et polynésienne. Ils vivent très disséminés dans la brousse, par petites tribus placées sous l'autorité absolue d'un chef de famille, et le plus souvent en état de guerre les unes avec les autres.

INDIGÈNES NÉO-HÉBRIDAIS

La férocité des naturels constitue un réel danger pour les exploitations isolées. Toujours nus, habitant dans des cases malpropres entourées de pieux effilés, les indigènes des Nouvelles-Hébrides sont gloutons et ivrognes, anthropophages jusqu'à déterrer et dévorer les cadavres de leurs proches. Ils ont conservé la danse guerrière du pilou-pilou, combattent avec des massues, des flèches empoisonnées et de longues lances barbelées.

Ils adorent des idoles taillées dans des troncs d'arbres. Depuis 1886 seulement les indigènes de Vaté, Anatom, Port-Sandwich et Api commencent à se civiliser grâce aux efforts admirables d'un missionnaire, le Père *Pionnier*, qui a réussi à grouper près de 300 enfants dans les écoles de la mission.

Depuis quelques années, la Société française des Nouvelles-Hébrides et une Compagnie australienne ont fait d'heureux efforts pour diriger un courant d'émigration vers l'archipel.

**Climat.** — Le climat est très chaud, mais moins insalubre que celui de la côte de Madagascar. Les fièvres intermittentes sont inévitables, mais elles ne deviennent pas pernicieuses.

Les saisons sont assez mal déterminées; cependant la température est humide et brûlante de novembre à fin mars, plus fraîche d'avril à octobre. Les insolations sont particulièrement redoutables; les sécheresses sont rares, mais les cyclones violents et fréquents. Il est indispensable de se conformer absolument aux règles de l'hygiène des pays tropicaux.

UNE SOUFRIÈRE DANS LA MONTAGNE

**Productions.** — Les terrains, une fois débroussaillés, sont d'une fertilité merveilleuse. Les forêts sont riches en bois précieux (bois de rose, palissandre, santal, kaori, gaïac, banians), mais elles sont difficiles à exploiter par suite de l'hostilité des tribus.

GUERRIER NÉO-HÉBRIDAIS

Les pigeons noirs, tourterelles, perruches, nandous, poules sultanes, oiseaux aux plumes précieuses y pullulent, ainsi que les porcs sauvages, les rats et de gros serpents non venimeux.

Le sol est encore inexploré au point de vue minier. Toutefois d'importantes soufrières sont en exploitation, notamment à Vanoua-lava.

Les légumes croissent rapidement: les ignames, les haricots, le maïs, les patates poussent en abondance. Les plantations de café sont d'une qualité et d'un rendement excellents, (200 tonnes en 1897). Les cocotiers donnent un excellent coprah qui se vend 175 francs dans les îles; les bananiers ont produit en 1897 près de 15,000 régimes. Le tabac, la vanille, le cacao, le manioc, les cotonniers sont appelés à fournir des rendements très avantageux.

**Centres principaux.** — Le seul centre de quelque importance est *Port-Vila* (île Vaté). Il est formé de l'agglomération des villages de *Vila*, *Erakoï*, *Tagabé*, *Franceville* et *Fauréville*, habités par des Français. A *Undine-Bay* sont groupées les familles anglaises. Les autres stations sont : *Port-Havannah* (Vaté), *Port-Sandwich* (Mallicolo), *Api* et *Canal de Segond* (île du Saint-Esprit).

Les P. P. Maristes ont créé des missions (églises et écoles) à Port-Vila, Vao, Port-Havannah, Port-Sandwich, Faureville, Port-Obry, Rahns, etc... Des missions anglaises se sont établies également, mais avec moins de succès.

La Compagnie des Nouvelles-Hébrides donne des concessions de 25 hectares aux colons disposant d'un capital minimum de 4,000 francs. Le ministère des colonies leur assure le transport gratuit.

RADE DE PORT-VILA (ILE VATÉ)

**Moyens de communication.** — Port-Vila est relié mensuellement à Nouméa par un vapeur de la société des Nouvelles-Hébrides qui transporte également le produit des plantations sur le marché australien. Les tarifs douaniers de la Nouvelle-Calédonie empêchent malheureusement l'entrée des productions des Nouvelles-Hébrides.

Le fret de Nouméa est de 25 francs pour les îles du centre et de 30 francs pour les îles du nord. Le prix du passage de Nouméa à Port-Vila est de 100 francs en 1re classe, 75 francs en 2e classe; de Sydney à Port-Vila de 300 francs en 1re classe, 200 francs en 2e classe.

Il n'existe dans l'île de Vaté qu'un chemin de 10 kilomètres de longueur; les plantations bordant la côte sont reliées par baleinières et goélettes.

**Conclusion.** — Les Nouvelles-Hébrides, grâce à la fertilité de leur sol, constituent un milieu de colonisation commerciale très intéressant; mais leur développement est enrayé par l'hostilité des tribus canaques et le protectorat mixte de l'Angleterre et de la France. Quand les communications seront améliorées, quand les populations canaques seront soumises ou disparues, et quand les débouchés de la Nouvelle-Calédonie seront définitivement ouverts, les Nouvelles-Hébrides auront une grande valeur coloniale, et il faudra régler alors à qui elles doivent appartenir.

# LES ILES WALLIS ET HORN

## ILES WALLIS

Ces îles sont situées dans la partie occidentale de la Polynésie orientale, à 1,350 kilomètres au nord-est des îles Fidji, et à 800 kilomètres à l'ouest des îles Samoa. Elles sont composées d'une terre principale, **Ouvéa** ou *Namo*, et de 11 îlots (**Faloa**, *Noukoufotaou*, *Noukouloa*, *Noukoualéaï*, etc...) qui font partie de la ceinture madréporique d'Ouvéa; cette ligne de coraux, très serrée, est coupée seulement dans le sud par la passe de *Honikoulou*.

**Résumé historique.** — Les îles Wallis furent découvertes par Wallis en 1767.

En 1837, le père *Bataillon* y débarqua pour convertir la population, que gouvernait Lavélua. Ce chef avait déjà massacré plusieurs équipages de baleiniers européens. Grâce au concours de la princesse Amélia, le missionnaire réussit à s'imposer, et à sa mort, en 1876, l'archipel était entièrement catholique. En 1842, le roi Lavélua signa un traité d'amitié avec la France, puis, en 1844, un traité de protectorat. Ce

traité de protectorat a été confirmé en 1886 par la reine Amélia.

Par un décret du 1887, le contrôle du protectorat des îles Wallis, qui était exercé par le gouverneur de Tahiti, est passé à celui de la Nouvelle-Calédonie. Un résident français a été installé près de la reine Amélia.

L'île d'**Ouvéa**, d'origine volcanique, mesure 12 kilomètres du nord au sud et 6 kilomètres de l'est à l'ouest. Le cratère de son volcan éteint est à une altitude de 200 mètres et contient un petit lac d'eau douce.

L'île compte 4 villages, dont le plus important est *Mata-Utui*, résidence de la reine, du résident français et du supérieur de la mission mariste. Il possède une jolie église gothique, un collège à *Lano*, et une place entourée de petites maisons de pierres très bien construites. La *rade de Mata-Utui* a des fonds de 12 mètres.

La population, de race polynésienne, est vigoureuse, active, intelligente, très sobre; elle est divisée en une trentaine de tribus comptant de 6 à 7,000 naturels parlant tous le français.

Les indigènes se livrent activement à la pêche très abondante sur leurs côtes, à la construction de pirogues élégantes, à la culture de leurs terres, et à une foule de petits métiers dans lesquels ils sont d'une rare adresse[1].

Il y a 80 Européens aux îles Wallis. La mission a introduit des métiers à tisser, de petites machines, une imprimerie et fondé une ferme modèle près du collège de Lano.

Le sol, noirâtre et très fertile, est couvert de bois précieux, les débroussements se prêtent fort bien à la culture des ignames, des arbres à pain. Les cotonniers y fournissent un coton d'une qualité remarquable.

Les porcs, les pigeons, les volailles, les oiseaux de toute espèce abondent, à l'exclusion des bêtes malfaisantes.

Les exportations portent sur le coprah (800 tonnes à 200 francs la tonne); les racines de kava (100 tonnes à 60 francs l'une), les cocos, les nattes, etc... Elles atteignent près de 250,000 francs par an.

Les importations consistent en cotonnades, coutellerie, quincaillerie, outils pour environ 50,000 francs par an.

La monnaie employée en dehors du *troc* est la piastre.

Il n'existe pas de moyens de transports directs de la Nouvelle-Calédonie ou de Tahiti aux îles Wallis; les vaisseaux de guerre en tournée les visitent deux fois par an, les goélettes et bateaux de commerce mettent l'archipel en relation avec les îles océaniennes.

Le climat est assez salubre, quoique anémiant. La chaleur moyenne est de 28° par brise d'Est, de 30° par temps calme. Les maladies du foie sont fréquentes chez l'Européen.

## ILES HORN

Le groupe des îles **Horn** ou **Alloufatou** comprend deux îles principales: **Futuna** au nord et **Alofi** au sud, séparées par un canal d'environ 2 kilomètres de large, où les coraux ne laissent qu'un chenal de cent mètres environ; d'un îlot, l'*îlot de Champeaux*, situé au nord de Futuna, et d'un amas de récifs de coraux, qui serre de très près la côte occidentale de Futuna et la côte orientale d'Alofi.

Futuna a environ 40 kilomètres de tour, Alofi 20 kilomètres; l'îlot de Champeaux ne mesure que quelques hectares. La mer, dans les parages des îles Horn, est généralement très dure; l'*anse Sigavé* est le seul mouillage passable de l'archipel.

Le sol de Futuna et Alofi est très tourmenté; la *montagne Schouten*, qui domine Futuna, a près de 800 mètres d'altitude, ses pentes sont couvertes d'une végétation merveilleuse, entretenue par un grand nombre de petits ruisseaux coulant dans des ravins très pittoresques: les côtes sont garnies d'une épaisse bordure de cocotiers; dans l'intérieur croissent à profusion les essences d'arbres les plus précieuses : l'arbre à pain, le bananier, etc...

L'épaisse couche d'humus de ces deux terres se prête à la culture des ignames, des patates, du taro, et même des légumes des pays tempérés (melons, tomates, etc.).

Les forêts contiennent une grande quantité de porcs et de chiens sauvages, de perruches, de rossignols, de pigeons, etc... On trouve à Futuna une sorte de serpent python d'une grosseur prodigieuse, mais non venimeux.

Le climat de l'archipel est très chaud, mais très sain. Les cyclones y sont fréquents et violents.

La population des îles atteint 6,000 habitants, qui sont de la même race que les naturels des îles Wallis et qui se livrent aux mêmes travaux agricoles et industriels.

**Résumé historique.** — Les îles Horn furent découvertes en 1616; un missionnaire, le père *Chanel*, vint s'installer à Futuna en 1837. En 1841, les deux îles placées sous l'autorité du roi Niulikii, étaient divisées en deux factions hostiles; le parti chrétien, qui comptait le fils du roi, en vint aux mains avec le parti resté fidèle au culte des idoles. Au cours de la lutte, le père Chanel fut assassiné.

En 1842, Niulikii mourut et ses fils signèrent un traité de protectorat avec la France.

Depuis ce temps, malgré quelques troubles passagers, le régime monarchique électif n'a pas perdu son prestige aux îles Horn, et le résident français des îles Wallis en contrôle simplement les actes politiques et administratifs.

L'archipel de Horn est en communication avec la France par les vaisseaux de guerre qui le visitent chaque année, et avec les îles océaniennes par les goélettes qui transportent aux îles Fidji et Samoa les produits de l'île. L'exploitation est faite par quelques familles françaises et anglaises, et par les employés des maisons allemandes des Samoa.

L'élément européen est représenté par une population d'environ 150 âmes. Les missionnaires Maristes possèdent dans les deux villages principaux de *Sigavé* et d'*Alo* deux églises, deux écoles bâties en pierres et des exploitations agricoles.

1. Les femmes se livrent à la fabrication de la *topa* (écorce du siopa) avec laquelle elles tissent des pièces d'étoffe qu'elles teignent agréablement et imperméabilisent avec la résine de koka; ces étoffes sont très recherchées dans les îles océaniennes. Avec l'écorce du *fau* elles tressent des cordages et des nattes très fines et très résistantes; elles extraient des racines de kava un breuvage très tonique.

# LES ÉTABLISSEMENTS FRANÇAIS DE L'OCÉANIE

Les **Établissements français de l'Océanie** comprennent : 1° *l'archipel de la Société*, qui se divise en *îles du Vent* et *îles Sous le Vent;*
2° *l'archipel Raïvavae* et les *Tubuaï;*
3° *l'île Rapa;*
4° *les îles Gambier;*
5° *l'archipel des Tuamotu* ou *îles Basses;*
6° *l'archipel des Marquises;*
7° *le protectorat des îles Rurutu* et *Rimatara.*

Superficie totale : environ 4,230 kilomètres carrés, à peu près celle d'un département français.

Population totale : 30,000 habitants environ.

**Résumé historique.** — Découverte en 1767 par Wallis, Tahiti fut visitée peu de temps après par Bougainville et Cook, dont les rapports enthousiastes attirèrent à la Nouvelle Cythère de nombreux Européens.

En 1797, des missionnaires anglais convertirent rapidement les indigènes au protestantisme. L'un d'eux, *Pritchard*, devint le conseiller de la reine Pomaré IV. Deux missionnaires français voulurent s'établir dans l'île; Pritchard les fit arrêter et rembarquer de force.

L'amiral Du Petit-Thouars répondit à cet acte de violence en imposant à la reine Pomaré IV le traité du 4 septembre 1838, par lequel les Français de toutes professions avaient le droit de séjourner et de commercer dans l'archipel.

Les intrigues de Pritchard, ayant provoqué la violation de ce traité, l'amiral décida la reine et les chefs à placer, par le traité du 25 mai 1843, Tahiti *sous le protectorat de la France.* Pritchard ayant tenté de fomenter une sédition, fut arrêté et la reine fut déposée.

Le gouvernement français crut devoir d'abord désavouer son représentant. Cette faiblesse et les intrigues des Anglais soulevèrent Tahiti contre les Français.

Le 17 septembre 1846, un corps de débarquement français s'empara rapidement de l'île.

L'île fut définitivement placée sous le protectorat français.

Par le traité du 29 juin 1880, Pomaré V, fils de la reine Pomaré IV, a abdiqué. Depuis lors, Tahiti est *colonie française*, ainsi que les îles du Vent qui étaient placées sous la suzeraineté de la royauté tahitienne.

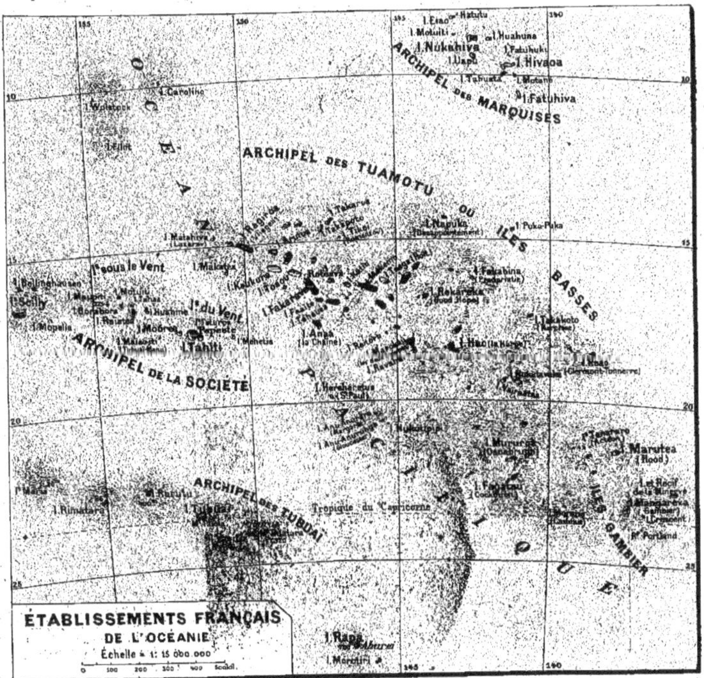

## I. ARCHIPEL DE LA SOCIÉTÉ

Il comprend : 1° *l'île de Tahiti et les îles du Vent;* 2° *les îles Sous le Vent.*

### 1° Tahiti et Iles du Vent.

**Tahiti.** — L'île de Tahiti, la plus importante de l'archipel des îles du Vent, est située au milieu de l'océan Pacifique, à peu près à égale distance de l'Australie et de l'Amérique du Sud.

**Le sol.** — Tahiti est formée de deux îles montagneuses : **Tahiti** et **Taïarapu**, réunies par un isthme de 2,200 mètres de largeur.

Tahiti est trois fois plus grande que Taïarapu. Elle mesure 120 kilomètres de pourtour et 79,485 hectares de superficie. Elle est à peu près ronde.

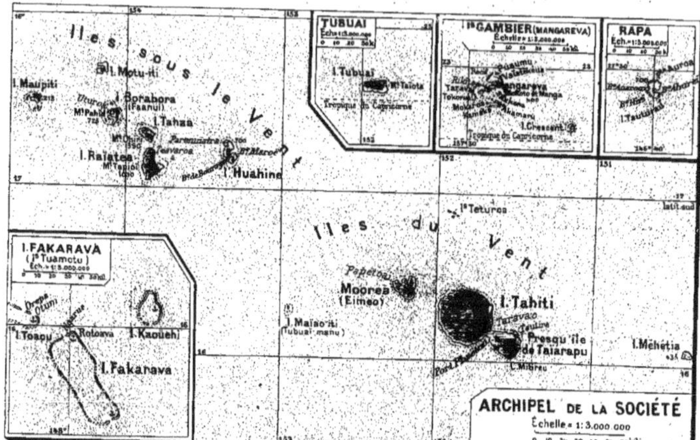


**Taïarapu** mesure 72 kilomètres de pourtour et 24,730 hectares de superficie. Elle a la forme d'un œuf.

L'ensemble des deux îles affecte la forme d'une gourde.

**L'isthme de Taravao**, qui relie les deux îles, n'est qu'une bande de terre dont le point le plus élevé ne dépasse pas 14 mètres.

Les côtes sont entourées d'une ceinture de récifs de coraux, interrompue seulement aux deux extrémités de l'île : au nord-ouest de Tahiti, entre les *pointes de Vénus* et de *Tiareï* qui enserrent la *baie de Matavaï;* au sud-est de Taïarapu entre le *cap Mitireu* et *l'île Aïhutu*. On aborde le littoral par des passes ouvertes avec une certaine régularité à travers le brise-lames formé par le banc de corail. Ces passes sont très nombreuses.

TAHITI — BAIE D'OPONEU

Les principales sont :

Autour de Tahiti : les *passes de Taunoa* et de *Papeete*, de *Taapuna*, de *Punaavina*, de *Maraa*, de *Teavarara*, d'*Aïfa*, de *Hotumatuu*, qui donne accès au *port Phaéton*, baie profondément creusée entre Tahiti et Taïarapu; les *passes de Papeïta*, de la *Boudeuse*, d'*Onohéha* et de *Papénoo*, etc. ;

Autour de Taïarapu : les *passes d'Avaéno*, de *Havaé*, d'*Aïurura*, de *Tautira* et le *port de Pihaa*.

Les ports les plus fréquentés sont : **Papeete**, *Tautira*, *Pueu* et *Haïtaa*.

Les baies les meilleures sont : la **baie de Matavaï**, ou abordèrent les premiers Européens, le **port Phaéton**, et le **port de Taravao.**

Tahiti et Taïarapu sont très accidentées. Les montagnes sont volcaniques et se dressent sous forme de cônes surmontés de pics. Les points les plus élevés sont : l'*Orohena* (2,237 mètres) et l'*Itoraï* (2,065 mètres) à Tahiti ; le *Mont Roniu* (1,400 mètres) à Taïarapu. Les pentes de ces montagnes descendent jusqu'à la côte, ne laissant qu'une bande de terre fertile, souvent très étroite, qui repose sur des coraux.

L'île est arrosée par de très nombreux cours d'eau qui fertilisent les vallées et les plateaux. A la saison des pluies ils forment des torrents impétueux dont la violence a ouvert les passes à travers la ceinture de coraux.

Les plus importants sont : la *Fautana*, qui se jette près de Papeete; les *rivières de Tuauro* et de *Papenoo*; la *Faurahii*; le *Punaruu*; le *Taharuu*; la *Vaïhiria*; la *Vaïtepilia*.

Dans d'anciens cratères se sont formés des lacs : le *lac de Vaïhiria* (432 mètres d'altitude), presque à la source de la rivière du même nom, dont les eaux sont très froides et très profondes, le lac *Tevaïtohi*, etc.

**Iles du Vent.** — Cet archipel comprend :

1° **l'île Moorea** ou *Eimeo*, située à 16 kilomètres environ de Tahiti. Elle présente un relief très accentué et très pittoresque, dont le point culminant est le *Tohivea* (1,212 mètres). Les côtes, entourées comme à Tahiti d'une ceinture de coraux, ont un développement de 48 kilomètres. La superficie est de 13,000 hectares environ.

Deux baies profondes, *baie de Papetoaï* et de *Cook*, offrent de bons mouillages. On y pénètre par les *passes de Tareu* et de *Paopao;*

2° les petites **îles Tubuai-manu** ou **Maïao-iti**, d'accès très difficile, habitées par environ 200 indigènes pêcheurs;

3° les *îlots stériles de Moo-iti*, séparés de Moorea par un chenal de 300 mètres de largeur;

4° les *îlots de Teturoa*, entourés d'une bordure de cocotiers;

5° le *récif volcanique de Mehétia*, dont le cratère éteint s'élève à 435 mètres et dont le rivage est presque inaccessible.

## 2° Iles sous le Vent.

Ces îles occupent la partie nord-ouest de l'Archipel de la Société.

**Résumé historique.** — Elles furent découvertes par

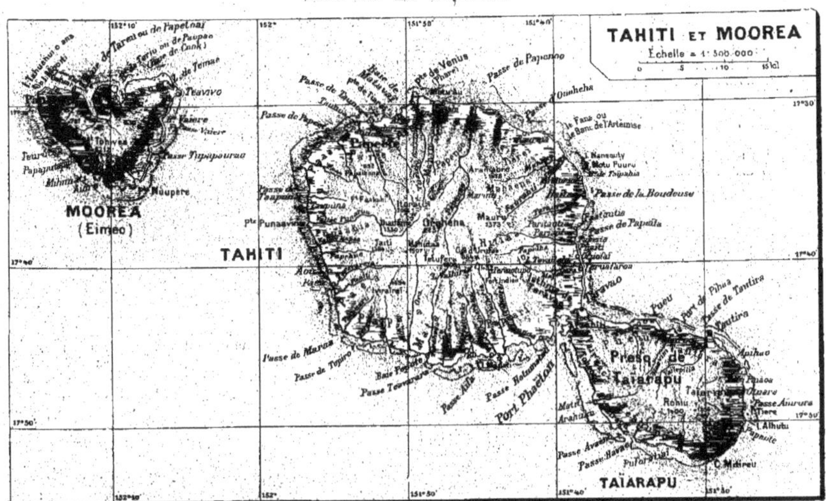


Cook en 1769. En 1847, la reine Pomaré, sur les conseils de Pritchard, renonça à ses droits de suzeraineté sur l'archipel. Pritchard travaillait à faire placer les îles sous le protectorat anglais, quand la France, sur la demande du roi de Raïatea et de la reine de Tahaa, les prit sous son protectorat qu'acceptèrent les autres chefs.

Par les traités des 16, 17 et 19 mars 1888 elles furent définitivement annexées; toutefois les reines de Huahine et de Bora-bora sont autorisées à arborer leur drapeau à côté de celui de la France.

**Le sol.** — L'archipel comprend 8 îles ou îlots :

1° **Huahine**, située à 100 kilomètres au nord-ouest de Moorea, comprend, comme Tahiti, deux petites îles montagneuses entourées de coraux et séparées par deux baies profondes : la baie de *Maroë* et celle de *Bourague*. Ces deux baies constituent de bons mouillages et communiquent entre elles par un canal guéable à travers l'isthme étroit et plat qui relie les deux îles.

Huahine a deux petits lacs abondants en poissons et en sauvagines.

Les points culminants atteignent 700 mètres. Le village principal, *Farenuiatra*, possède une bonne rade. L'île est couverte de plantations de cocotiers, d'ananas, d'arbres à pain et de cotonniers *pulu*. La population compte environ 1,500 habitants, qui se livrent à la pêche, à la culture du tabac, à la récolte des cocos et à la construction de pirogues et de goélettes;

2° **Raïatea et Tahaa** sont deux petites îles situées à 160 kilomètres dans le nord-ouest de Tahiti, entourées de la même ceinture de coraux et séparées par un canal navigable de 5 kilomètres de largeur. Dix passes donnent accès à de très bons mouillages.

Deux chaînes de montagnes traversent l'île : les points culminants sont l'*Ohiri* (590 mètres) dans Tahaa et le *Tapioï*, qui forme dans Raïatea une tour de basalte haute de plus de 1,000 mètres.

Le chef-lieu de l'île est *Teavaroa*[1], qui possède une école, un temple protestant et les établissements d'une société pour l'exploitation des cocos.

La population, qui atteint 2,500 habitants protestants, fait le commerce du coprah et du coton pulu ;

3° **Bora-bora** ou **Faanui**, situé à 260 kilomètres de Tahiti, forme une pyramide grandiose de 725 mètres au-dessus de la mer (*mont Pahia*). Elle n'a guère que 38 kilomètres carrés de surface. La ceinture de coraux qui l'entoure comprend dans son périmètre l'*île de Tubué* dont la côte forme avec celle de Bora-bora une rade très sûre, mais d'entrée difficile à marée basse.

L'île est couverte de bois précieux; la population comprend 1,800 habitants environ occupés à la culture du coton, à la récolte des cocos et à la préparation du coprah.

Le chef-lieu, *Uturoa*, est en relations avec Tahiti par un vapeur particulier et par les paquebots de la Nouvelle-Zélande;

4° les *îles Motu-iti*, *Maupiti* et *Mapihaa* qui ne sont que des récifs boisés d'accès difficile, très mamelonnés, entourés de coraux, avec une étroite bande de cocotiers. 5 à 600 habitants y sont disséminés à l'époque de la récolte des cocos et de la ponte des tortues qui y sont très nombreuses.

Ces îles dépendaient autrefois du royaume de Bora-bora ;

5° l'*îlot de Bellinghausen* et l'*archipel de récifs de Scilly* (v. carte p. 9), qui sont distants de 650 kilomètres de Tahiti. Ce sont des atolls de coraux. Une faible bande de terre supporte une couronne de cocotiers entourant un lagon. Ces îles sont seulement visitées de temps en temps par les pêcheurs.

## II. RAIVAVAE ET TUBUAI

1° **Raïvavae** ou **Vavitu** a la forme d'une ellipse; elle est entourée de récifs de coraux qu'il faut traverser pour entrer dans l'excellent mouillage de *Rairua*.

Le relief de cette île, dont la superficie est de 6 milles carrés, atteint 320 mètres (*mont Ruatara*).

Les 27 îlots boisés qui émergent de la ceinture de corail ne présentent qu'une superficie de 2 milles carrés.

Raïvavae est partagée en 2 districts et compte 290 habitants;

1. C'est à Raïatea qu'est le tombeau sacré d'Oro, le fondateur de la société des Arioïs.

2° **Tubuaï** est entouré de coraux, qu'on franchit par les *passes de Mataura*, de *Vapoa* et de *Taahuaïa*. Ce dernier mouillage seul est accessible aux goélettes.

La superficie de cette île est de 12 milles carrés; son relief au *mont Taïota* est de 310 mètres. Elle est entourée de 4 petits îlots boisés.

Elle compte un district et 470 habitants.

Le climat de Tubuaï et de Raïvavae est sain et agréable: leur sol produit le tabac, le café, la vanille, les taros, le manioc, le maïs, les patates douces; elles sont plantées de cocotiers, d'orangers et de bananiers.

## III. ILE RAPA

L'**île Rapa** ou *Rapa-iti* est le plus méridional de nos établissements d'Océanie.

Rapa mesure 15 kilomètres du nord au sud et 11 de l'est à l'ouest, et 38 kilomètres de tour.

Les côtes sont très découpées; les coraux y adhèrent et remplissent la plupart des baies, dont la plus importante et la seule accessible est celle d'*Ahureï* au nord-est.

Le relief du sol présente la forme d'un vaste cirque aux parois basaltiques, qui entoure la belle rade d'Ahureï, et dont les crêtes aux découpures pittoresques atteignent 700 mètres d'altitude. Elles sont surmontées de forts élevés par une population, jadis très belliqueuse, qui, de 6,000 naturels est tombée à 200.

Balayée par les grandes brises d'ouest, Rapa possède un climat très tempéré; ses productions consistent en noix de baucoul, en bananiers de Chine, en pommes de terre, en taro et en café. Sa flore est riche en espèces rares. Ses côtes sont très poissonneuses, mais les requins y fourmillent.

Rapa forme un district; son importance provient de sa position sur la route directe de Panama à Sydney.

## IV. LES GAMBIER

Cet archipel est entouré d'un cordon de récifs qui enclôt dix îlots. Les îlots de *Mangareva*, *Taravaï*, *Akamaru* et *Aukena* sont seuls habités et comptent ensemble 580 habitants catholiques et de mœurs très douces, répartis en 4 districts; chef-lieu *Mangareva*.

Le relief de ces îles est montueux: les *pics Mokoto* et *Manga*, qui dominent Mangareva, dépassent 400 mètres.

Trois passes donnent accès à l'archipel, la meilleure est celle de *Rikitea*.

La superficie des îles est de 3,000 hectares environ. Le sol est déboisé et couvert de broussailles où abondent les chèvres sauvages. Les cultures sont à peu près nulles et à peine suffisantes pour nourrir les naturels, dont la seule industrie est la pêche des nacres.

Les Gambier, placés sous le protectorat français en 1844, sont colonies françaises depuis 1853.

## V. ARCHIPEL DE TUAMOTU

L'archipel de **Tuamotu** ou **îles Basses** comprend environ 80 îles essaimées sur une longueur de 1,000 kilomètres, suivant une direction sud-est-nord-ouest et sur une largeur d'environ 80 kilomètres.

Ces îles constituent un établissement secondaire, dont le chef-lieu, *Rotoava*, est situé dans l'**île Fakarava**.

A l'exception de *Makatea*, *Tikei* et *Rekareka*, ce sont de longs récifs madréporiques (*atolls*) de 4 à 500 mètres de largeur, très peu élevés au-dessus de la mer, et entourant des lagons ou lacs intérieurs, dans lesquels les indigènes pêchent les nacres perlières.

Certains de ces lagons sont accessibles aux plus grands bâtiments, qui y trouvent abri contre le ressac, mais non contre le vent; d'autres au contraire sont complètement fermés.

Les plus grands lagons sont ceux de *Ragiroa* (190 kilomètres de circuit) et de *Fakarava* (160 kilomètres de circuit), *Anaa* possède la ceinture de terre la plus épaisse.

Le sol de ces îles est le plus souvent aride: sur leur faible couche de terre végétale pousse une sorte de buis, le *mikimiki* et croissent les *pandanus* et les cocotiers plantés par les naturels.

Les îles les plus importantes, en allant du nord vers le sud et de l'ouest vers l'est, sont: **Makatea**, cocotiers, patates; **Ragiroa**, belles plantations de cocotiers, mais la pêche est impossible par suite de la présence des requins; **Arutua**, lagon poissonneux, très belles nacres et pintadines; **Kaukura**, dévastée par le cyclone de 1878, son lagon est le plus riche en nacres de tout l'archipel; **Fakarava**, à 320 kilomètres de Tahiti, possède la plus belle rade de l'archipel; **Anaa**, bon port et la plus peuplée de l'archipel; **Takapoto**, qui possède de beaux cocotiers, la nacre est abondante mais détériorée par une maladie; **Takaroa**, île peuplée dont les naturels sont les plus adroits pêcheurs de nacre des îles; **Katiu**, qui possède des plantations prospères et un lagon riche en nacres; **Taega**, dont les habitants, très nomades, s'engagent sur les embarcations des autres îles; **Napuka**, la plus isolée de l'archipel, qui possède une végétation abondante et variée; **Hao**, excellentes nacres et pintadines; **Fakahina**, dont la population sédentaire se livre à la culture; **Marutea**, la plus basse de l'archipel, voisine des îles Gambier, a des nacres et de belles pintadines, etc., etc.

Les Tuamotu, d'une superficie totale de 86,000 hectares, sont divisées en 31 districts et comptent environ 5,000 habitants. 24 de leurs îlots sont rattachés administrativement à l'archipel des Gambier.

**Résumé historique.** — Découvertes par Quiros, elles furent explorées du XVII^e^ au XIX^e^ siècle par les grands navigateurs du Pacifique qui leur donnèrent le nom de *Paumotu* (îles Basses), ou encore d'Archipel Dangereux. Elles furent déclarées colonies françaises en 1852.

## VI. ARCHIPEL DES MARQUISES

L'**archipel des Marquises** est distant de Tahiti de 1,000 kilomètres environ.

Il comprend deux groupes d'îles; groupe du nord-ouest (**Nukahiva**, **Uapu**, **Huahuna**, **Eiao**, **Motuiti**, **Hatutu** et quelques îlots); et groupe du sud-ouest (**Hivaoa**, **Fatuhuku**, **Tahuata**, **Motané** et **Fatuhiva**).

*Motuiti*, *Hatutu*, *Fatuhuku* et *Motané* sont inhabitées.

Toutes ces terres, d'origine volcanique, ont un sol tourmenté et un relief très fort qui atteint 1,260 mètres à Hivahoa, 1,175 mètres à Nukahiva, 1,190 mètres à Uapu. De la chaîne principale, orientée en général du sud-est au nord-ouest, se détachent de nombreux contreforts qui divisent les îles en vallées, dont la fertilité est extraordinaire.

Outre de précieuses essences d'arbres, elles offrent de riches cultures: fruits à pain, taro, pommes de terre, ignames, cocos, cannes à sucre, cotonniers, oranges, citrons, bananes, cannelliers, goyaviers, ananas, vanilliers, avocatiers, tabac, indigo, et légumes de toutes sortes. Les moutons, les chèvres, les bœufs, les porcs, les volailles s'élèvent fort bien; les côtes dépourvues de coraux sont abondantes en poissons et en coquillages.

L'industrie des naturels consiste dans la fabrication de goélettes d'excellente tenue. Les femmes fabriquent des tissus de tapa. L'industrie européenne possède à Taiohae deux usines pour l'égrenage du coton.

Les habitants sont de taille élevée et de figure agréable. Ils sont de mœurs douces, peu travailleurs. Ils sont catholiques.

Les deux plus grandes terres sont: **Nukahiva**, qui a 100 kilomètres de circuit, 32 kilomètres de long et 19 kilomètres de large (ville principale *Taiohae* ou *Hakapéhi*, chef-lieu de l'administration secondaire), et **Hivaoa**, qui a 39 kilomètres de longueur et 20 kilomètres de large; le village principal est *Atuana*.

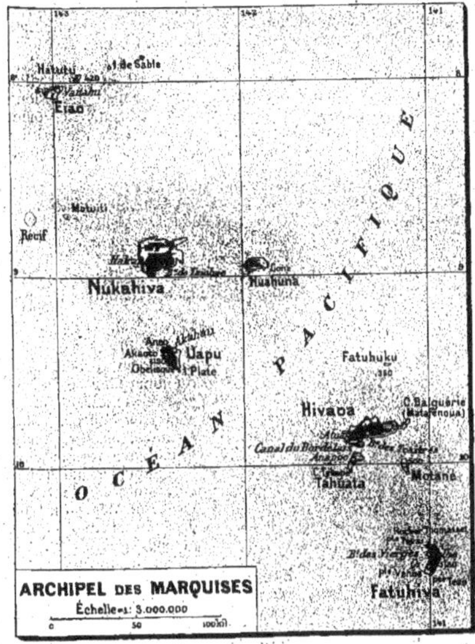


L'archipel est divisé en 10 districts; il compte 4,200 habitants.

Le climat y est chaud, mais sain ; l'acclimatation facile.

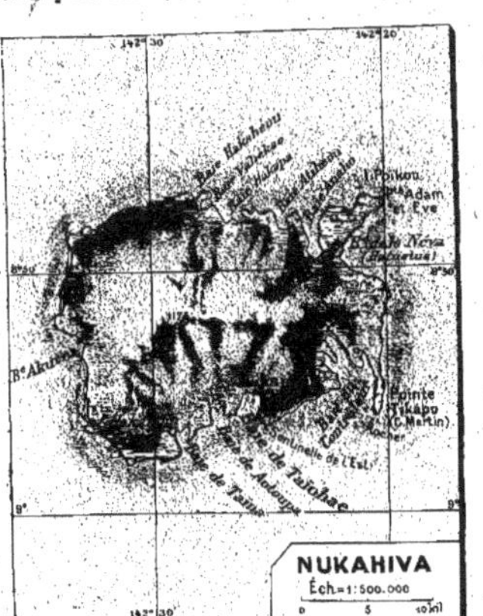


L'archipel des Marquises, découvert en 1595, reconnu par Cook en 1772, puis par le Français Marchand en 1791, qui en prit possession au nom de la France, a été mis sous le protectorat français en 1843. Il est devenu colonie française en 1858.

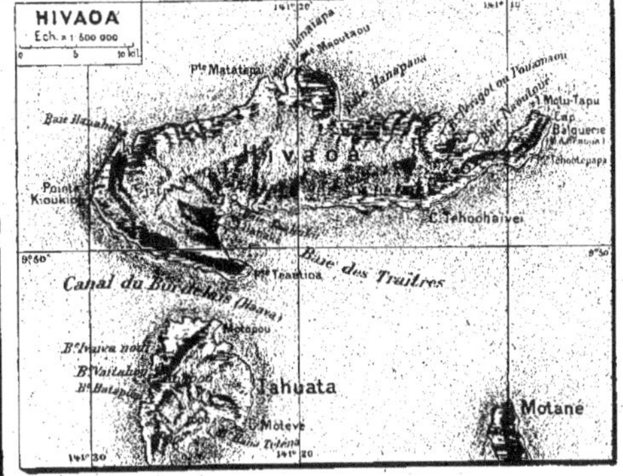


## VII. ILES RURUTU ET RIMATARA

Ces deux îles comprennent 6 villages habités par 950 naturels. Leur relief est accidenté; une ceinture de coraux rend leur accès difficile. Le sol fertile possède, sur sa faible superficie, à peu près les mêmes cultures que Tahiti, mais est plus favorable à l'élevage.

Le récif appelé *île Maria* dépend de Rimatara.

Ces îles ont été placées sous le protectorat français les 27 et 28 mars 1889; elles relèvent administrativement de Tubuaï.

### Notes politiques et économiques.

**Organisation politique.** — Les Établissements français de l'Océanie forment un gouvernement colonial.

Le **gouverneur**, relevant directement du Ministre des Colonies, a les pouvoirs civil et militaire.

Le siège du gouvernement est **Papeete**.

Le gouverneur est assisté d'un conseil privé composé du secrétaire général, du chef des services administratifs, du chef du service judiciaire, de deux membres titulaires et de deux suppléants nommés chaque année par le gouverneur.

Le gouverneur est représenté par des administrateurs ou *résidents* dans les différents groupes d'îles (îles Marquises, Tuamotu, Gambier et îles sous le Vent).

Rarutu, gouvernée par un roi, et Rimatara, gouvernée par une reine, constituent des protectorats placés sous le contrôle du gouverneur général.

Les Établissements français de l'Océanie sont représentés près du Conseil supérieur des colonies par un *délégué*.

Un **conseil général** siège à Papeete et compte 18 membres élus au suffrage universel.

Papeete forme une commune avec un conseil municipal.

Les îles sont divisées en *districts*, ayant à leur tête un fonctionnaire chargé de faire exécuter les instructions du gouverneur, et rendant la justice.

On compte 18 districts à Tahiti, 4 à Moroea, 10 aux îles Marquises, 31 aux Tuamotu, 9 aux Gambier, 1 à Tubuaï, 2 à Raïvavae, 1 à Rapa, 31 aux îles sous le Vent.

**Instruction publique.** — Un instituteur fait fonctions d'inspecteur de l'enseignement[1].

1. *Tahiti et Mooréa* : 17 écoles officielles mixtes, 2 écoles libres laïques, une école primaire supérieure dirigée par les Pères de Ploërmel, 5 écoles dirigées par les Pères missionnaires de Picpus et 3 écoles dirigées par les dames de Saint-Joseph-de-Cluny. *Iles Mar_*

Le budget local entretient 3 boursiers dans les écoles ou lycées de la Métropole, et 32 boursiers dans les écoles primaires des îles.

**Service du trésor.** — Il a à sa tête un trésorier payeur en résidence à Tahiti. Des agents spéciaux, le plus souvent le gendarme du district, tiennent des caisses de recettes de paiements dans les districts des archipels.

**Armée et Marine.** — Le gouverneur est chef suprême de la défense de terre et de mer. Il dispose d'un détachement d'infanterie de marine, et d'une batterie d'artillerie de marine (formant une garnison de 300 hommes), l'escadre d'Extrême-Orient (division du Pacifique) assure la défense maritime.

La police est faite dans les îles par 8 brigades de gendarmerie européenne réparties en 14 postes principaux.

**Justice.** — Un procureur de la République, en résidence à Papeete, est chef de la Justice. Ce service comprend : un tribunal supérieur, jugeant en appel et au criminel, un tribunal de première instance, huit justices de paix, dont six à compétence étendue.

La justice indigène est rendue par les conseils de district.

Une *Haute Cour* tahitienne siège à Tahiti et juge en appel; elle est présidée par le président du tribunal civil. Ses jugements peuvent être cassés par une cour de Cassation tahitienne tenant 4 sessions par an.

**Budget.** — Le budget des Établissements de l'Océanie comprend : 1° le budget local (budget de la colonie et budget municipal de Papeete) qui est passé de 590,000 fr. en 1873 à un million de francs en 1881, à 1,300,000 francs en 1890 et à 1,500,000 francs en 1899; 2° le budget métropolitain qui s'élève à 871,416 francs.

GUERRIERS DE NUKAHIVA

**Population.** — La population des Établissements de l'Océanie ne dépasse guère 30,000 âmes, réparties de la façon suivante :

Tahiti, 10,200; Moorea, 1,600; Marquises, 4,300; Gambier, 600; Tuamotu, 4,900; Tubuaï, 500; Raïvavae, 300; Rapa, 170; Iles sous le Vent, 6,200; Protectorats de Rurutu et Rimatara, 900.

On compte : 2,200 fonctionnaires civils, militaires, soldats et colons européens; 2,600 Chinois; 7,000 créoles et métis de races européenne et polynésienne; 25,000 indigènes de race malayo-polynésienne; 3,000 indigènes de race mélanésienne immigrés.

Le fond de la population, principalement aux îles de la Société, présente un très beau type, aux formes vigoureuses et fines. Les mœurs des naturels sont généralement très douces et hospitalières : ils sont intelligents et laborieux autant qu'on peut l'être pour vivre facilement sous un climat exceptionnellement beau, et sur des terres généralement fertiles.

**Localités principales.** — **Papeete** est la seule ville. Elle compte environ 4,000 âmes. C'est un immense jardin long de 1,500 mètres sur 500 mètres environ de largeur. Les principaux édifices sont les casernes, l'arsenal et les ateliers du port. Aux environs de la ville se trouve un beau jardin d'acclimatation. Le port est excellent.

Les autres centres, ports ou marchés sont : *Port-Phaéton*, à Tahiti; *Papetoaï*, à Moorea; *Atuana* (800 hab.), aux Marquises; *Taïohae* (500 hab.), dans l'île Nukahiva; *Anaa* (500 hab.), aux Tuamotu; *Rikitea* (300 hab.), aux Gambier, etc...

**Climat et hygiène.** — Le climat des Établissements de l'Océanie, celui de Tahiti en particulier, est renommé pour sa salubrité.

La température n'a pas de brusques transitions; fraîche le matin, elle s'élève graduellement vers le milieu du jour pour se rafraîchir vers le soir. Les nuits sont très douces, grâce au *hupe*, brise de terre qui se lève vers le soir.

Les plus grandes chaleurs, qui coïncident avec la saison des pluies de décembre à mai, ne dépassent guère 30°. De juillet à novembre le thermomètre se tient aux environs de 20°. Des périodes de transition de quelques semaines séparent les deux saisons principales. Les alizés soufflent du sud-est de mai à août, de l'est de septembre à décembre, du nord-est et du nord-ouest de janvier à mai.

L'île Rapa offre un climat encore plus tempéré par suite de sa situation plus méridionale.

Les cyclones sont rares à Tahiti, plus fréquents dans les archipels du nord.

Tous les établissements de quelque étendue sont favorables à la colonisation de peuplement.

**Productions.** — *A Tahiti*, le sol est d'une remarquable fertilité. Dans le centre de l'île, les forêts sont remplies d'essences précieuses, l'arbre à pain s'y mêle aux bananiers. Sur la côte les cultures les plus variées réussissent à merveille : légumes de toutes sortes, ignames, taro, maïs, patates; les plantations de cotonniers, de cocotiers[1], de cannes à sucre, d'orangers, de caféiers, de tabac, de vanille, de pommiers, de cannelle, d'ananas, d'avocatiers, de goyaviers, réussissent très bien.

---

*quises* : 4 écoles de garçons dirigées par les frères et 2 écoles dirigées par les dames de Saint-Joseph-de-Cluny; elles sont subventionnées par le budget local. *Tuamotu* : 3 écoles mixtes dirigées par des instituteurs européens et 18 tenues par les instituteurs indigènes. *Gambier* : 5 écoles dirigées par des instituteurs indigènes et 3 écoles dirigées par les sœurs de Cluny. *Tubuaï* : 3 écoles indigènes. *Raïvavae et Rapa* : 1 école indigène. *Iles Sous-le-Vent* : 3 écoles libres de garçons et 5 écoles libres de filles subventionnées par la colonie; 3 écoles indigènes à *Rurutu* et 3 à *Rimatara*.

On compte, dans ces 80 écoles, environ 2,500 enfants apprenant plus ou moins bien la langue française.

1. **Cocotier et Coprah.** — Le cocotier est un beau palmier qui s'élève jusqu'à 30 mètres de haut. Ce palmier croît facilement dans le sable et ne redoute même pas le voisinage des eaux saumâtres. Il ne rapporte qu'au bout de 10 ans environ; mais, à partir de ce moment, il est continuellement en fleurs et en fruits.

La production moyenne annuelle d'un palmier est de 70 à 80 noix par an, et l'arbre rapporte pendant au moins trente ans.

La noix de coco jeune est d'abord formée d'un brou très épais, qu'on emploie comme textile, et qui recouvre une coquille assez mince et assez fragile dans laquelle se trouve un liquide limpide et frais, légèrement sucré, délicieux à boire dans les pays chauds où

Les plantes et les arbres des climats tempérés ont été aisément acclimatés. La nature produit avec richesse tout ce que l'homme lui demande.

Les fourrages sont rares; aussi l'élevage des bœufs y est assez restreint, les chevaux sont de bonne race. Les moutons sont sujets à des maladies épidémiques et leur élevage a été abandonné; les chèvres y sont en multitude. Il en est de même des porcs et de la volaille.

Le gibier consiste principalement en chèvres sauvages à l'intérieur, en sauvagines sur les côtes.

*Aux îles Marquises*, les cultures principales sont celles du coton et du cocotier. Celle du café prend de l'extension. Les cultures de Tahiti se retrouvent dans cet archipel, mais sont d'un rapport en général moins important.

*Aux Tuamotu*, le sol est plus aride; les plantations de cocotiers occupent presque exclusivement les indigènes; mais leur richesse principale est sur la côte où abondent dans les lagons les coquilles à nacre et les huîtres perlières

NUKAHIVA — VALLÉE D'AKAHEU

croît le cocotier; c'est le lait de coco. Bientôt le brou jaunit, puis prend une teinte brun clair; le fruit est mûr.

L'amande de la noix de coco fait l'objet d'un grand commerce; on en tire le coprah.

*Le coprah*. — Les noix de coco sont cueillies mûres, c'est-à-dire au moment où le brou jaunit et commence à se rider. On les laisse achever de mûrir en tas sur le sol. On débarrasse d'abord la noix du brou fibreux et résistant qui l'enveloppe, en la lançant sur un pieu solide et dur planté obliquement dans le sol. La noix s'enfonce dans ce pieu et, par un mouvement de torsion, on arrache d'un coup une portion du brou. En 5 ou 6 coups, la noix est débarrassée de son brou.

La noix ainsi dépouillée est cassée en deux et exposée à l'air. L'amande, qui adhère aux parois, se dessèche, et au bout de quelques jours on la détache facilement.

PÊCHEURS DES TUAMOTU

Un procédé rapide consiste à placer les noix dépouillées pendant 10 minutes à la chaleur d'un four. L'amande se détache alors très facilement et tout entière.

On brise la coquille d'un coup sec et l'amande est à nu : on la coupe en fragments qu'on laisse sécher à l'air le plus complètement possible. Ces fragments constituent ce qu'on appelle le coprah. Il faut de six à sept cents cocos pour faire une tonne de coprah et environ 4 tonnes de coprah pour faire industriellement une tonne d'huile.

Le coprah est envoyé surtout à Marseille, où il est soumis à la presse : l'huile extraite est utilisée pour la fabrication des savons.

*Aux Gambier*, les produits du sol sont les cocotiers, et dans les lagons on trouve des coquillages précieux. Ces îles sont d'ailleurs peu fertiles.

*Aux îles Tubuaï et Raïvavae*, le climat est sain et agréable, le sol fertile, on retrouve les cultures de Tahiti (cocotiers, bananiers, café, vanille, tabac, manioc, maïs, taro, orangers, etc.).

*Aux îles sous le Vent*, les productions naturelles sont sensiblement les mêmes qu'à Tahiti, mais les cocotiers et les citronniers sont les seules cultures.

*A Rurutu* et *Rimatara*, toutes les cultures de Tahiti se retrouvent; de plus l'élevage y est facile et donne de bons résultats.

*A l'île Rapa*, la végétation est pauvre. Les indigènes se livrent à la pêche du poisson, qui est très abondant, et à la culture de quelques légumes; la pomme de terre y réussit fort bien.

**Commerce.** — Le commerce a diminué dans les colonies océaniennes. La moitié des cultures a été abandonnée, l'élevage tend à disparaître, la pêche des perles est devenue moins productive.

Cette situation pourrait être rapidement améliorée, grâce aux précieuses ressources des Établissements. Il faudrait donner des primes aux colons, améliorer les moyens de communication en les rendant plus faciles et plus nombreux, donner des tarifs de faveur aux produits des îles sur les marchés français, calédoniens et indo-chinois.

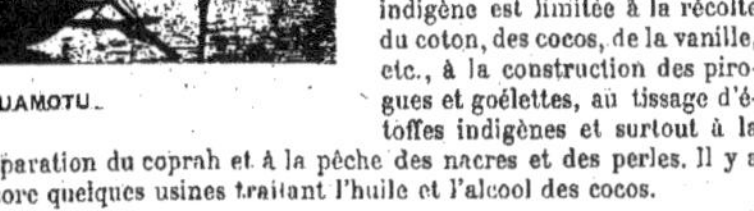

Le commerce d'exportation tahitien porte sur : les cocos secs, le coprah, le coton, le café, la vanille, les nacres, les perles, les bois du pays, les oranges, les laines.

Les importations comprennent les farineux alimentaires, les animaux vivants, les dépouilles d'animaux, les boissons, les fils et tissus, les meubles, les outils, les produits chimiques, etc.

**Industrie.** — L'industrie indigène est limitée à la récolte du coton, des cocos, de la vanille, etc., à la construction des pirogues et goélettes, au tissage d'étoffes indigènes et surtout à la préparation du coprah et à la pêche des nacres et des perles. Il y a encore quelques usines traitant l'huile et l'alcool des cocos.

**Main-d'œuvre et prix de la vie.** — L'indigène ne travaille guère que pour lui-même; ses travaux habituels sont : la pêche, qui est pour lui un plaisir, et la récolte des cocos. De caractère susceptible, quoique très doux, il ne se loue guère à moins de 2 fr. 50 à 3 francs par jour sur les plantations.

Les ouvriers d'art européen trouvent des salaires très élevés :

maçons, menuisiers, charpentiers, boulangers, mécaniciens, etc., gagnent en moyenne 12 francs par jour. Mais leur nombre est actuellement très suffisant.

Le prix de la vie est très peu élevé.

Seuls les objets de mode ou de luxe, provenant de l'importation, sont très chers.

**Établissements de commerce et de crédit.** — Papeete possède : un bureau de renseignements commerciaux, une chambre de commerce, une chambre d'agriculture, une caisse agricole, une société coopérative de consommation, etc.

*Le Comptoir des Intérêts Coloniaux* a une succursale à Papeete. Plusieurs banques chinoises existent en outre dans les Établissements.

**Monnaies, Poids et Mesures.** — Entre indigènes les échanges se font par troc.

Les monnaies, poids et mesures sont officiellement les mêmes qu'en France. Cependant la piastre chilienne est d'un usage assez fréquent.

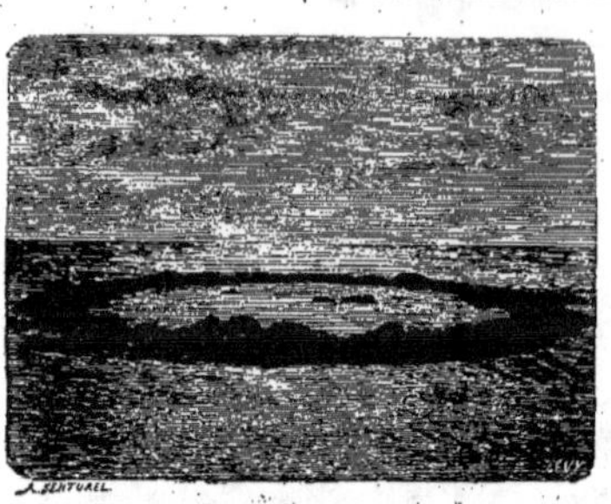

ATOLL

**Moyens de communication.** — I. Les communications sont établies entre Tahiti et la France :

1° par l'Australie et Auckland, par un service combiné des Messageries Maritimes avec l'Union Steam Ship Company qui fait tous les 28 jours le trajet Auckland-Papeete et retour;

2° viâ San-Francisco, par un service mensuel de voiliers qui relie la Californie à Tahiti;

3° par trois voiliers qui font le service une fois par an de Bordeaux à Tahiti.

II. Tahiti est relié aux autres Établissements par les services réguliers d'un vapeur et de goélettes : mensuels entre Papeete et Morea, Papeete, les Marquises et Tuamotu; trimestriels entre Papeete et les Gambier avec escales aux Tubuaï, à Raïvavae et à Rapa.

Ces divers services sont subventionnés par le budget local.

La durée minima du voyage du Havre à Papeete viâ San-Francisco est de 45 à 55 jours. Le prix moyen du transport est de 2,200 francs. Le fret de Tahiti à Marseille ou Bordeaux est de 90 à 100 francs la tonne; de Tahiti à San-Francisco de 30 à 40 francs la tonne (50 francs pour le mille de cocos, 50 francs pour le tonneau de coton); de Tahiti à la Nouvelle-Zélande et l'Australie de 40 à 50 francs la tonne; de Tahiti aux autres Établissements, il varie de 15 à 25 francs la tonne.

**Postes et Télégraphes.** — Le service postal entre Tahiti et la métropole est assuré par la ligne New-York-San-Francisco.

Les divers bateaux qui font le service des voyageurs, entre Tahiti et les établissements, assurent, moyennant une subvention, la remise des correspondances.

Les télégrammes viennent de la France à San-Francisco à raison de 1 fr. 90 par mot. Ils sont transmis par voie postale à Tahiti, à raison de 1 fr. 25 par télégramme. Les Établissements d'Océanie ne sont reliés par aucun fil au régime international.

# ILE CLIPPERTON

L'*îlot Clipperton* se dresse au large des côtes de l'Amérique centrale et à une distance d'environ 3,000 kilomètres de Panama.

C'est un *atoll* de 5 kilomètres de long sur 4 kilomètres de large, d'une élévation moyenne de 8 mètres au-dessus des eaux. Il a la forme d'un anneau rocheux entourant une lagune de 2,500 mètres de large et précédé d'une ceinture de récifs de coraux. Il est inhabité.

D'innombrables bandes d'oiseaux y ont déposé des couches considérables de guano.

Il pourrait servir de dépôt de charbon, de point d'atterrissage d'un câble sous-marin et, le cas échéant, de poste stratégique sur la grande route de Panama, quand le canal sera percé.

Une petite vallée, bien abritée dans le nord, pourrait être cultivée sur une cinquantaine d'hectares.

Le climat est très salubre.

La France en a pris possession en 1858, mais elle n'y a fait encore aucun établissement.

Seuls, des navires mexicains et californiens viennent de temps en temps y chercher du guano ou chasser les tortues, dont l'écaille est fort belle.

Le lagon intérieur, auquel on accède par deux passes praticables à haute mer, offre un bon mouillage.

Sceaux. — Imprimerie E. Charaire.

# LIVRE-ATLAS

DES

# COLONIES FRANÇAISES

A l'usage de l'enseignement des Colonies

(TEXTE, CARTES ET ILLUSTRATIONS.)

Six Livres-Atlas correspondant à un groupe des Colonies françaises.

Chaque Livre-Atlas comprend :

1° une *Partie générale* donnant les notions élémentaires communes à l'enseignement colonial (Le Monde, l'Europe, la France) ;

2° la *Partie spéciale* correspondant au groupe de colonies.

**I. — Colonies de l'Océan Indien.**
(Madagascar, La Réunion, Établissements de l'Inde) . . . . . . . . . . **3 75**

**II. — Colonies d'Extrême-Orient.**
(Indo-Chine et concessions de Chine). **3 75**

**III. — Colonies de l'Océan Pacifique.**
(Nouvelle-Calédonie, Établissements français de l'Océanie) . . . . . . . . . . **3 25**

**IV. — Colonies de l'Océan Atlantique.**
(Antilles, Guyane, Saint-Pierre et Miquelon) Prix. . . . . . . . . . . . . **3 50**

**V. — Colonies de la Mer Méditerranée.**
(Algérie, Tunisie, Levant) . . . . . **3 50**

**VI. — Colonies d'Afrique.**
(Afrique occidentale et centrale) . . **3 25**

**La Partie générale** seule. . . . . . . . . . . . . . . . broché, **1 50**; cartonné, **1 75**

**Parties spéciales :**

| | | | | | |
|---|---|---|---|---|---|
| Océan Indien . . . . . . . . | 2.25 | Océan Pacifique. . . . . . . . | 1.75 | Mer Méditerranée. . . . . . . | 2. » |
| Extrême-Orient. . . . . . . . | 2.25 | Océan Atlantique . . . . . . . | 2. » | Afrique. . . . . . . . . . . . | 1.75 |

Le **Livre-Atlas des Colonies françaises** a été fait en vue de donner aux enfants indigènes des Colonies françaises les notions qui leur sont nécessaires :

1° Sur la situation et le rôle de la France dans le Monde;

2° Sur l'ensemble du domaine colonial français ;

3° Sur chaque colonie en particulier.

Le maître y trouvera les éléments qui lui sont indispensables aussi bien pour l'enseignement primaire des tout jeunes enfants, que pour développer chez les adultes le sentiment qu'ils appartiennent à la grande Patrie française.

***L'ensemble des six parties spéciales, réunies en un seul volume sans la Partie générale, forme un ATLAS COLONIAL.*** . . . . . . . . . . . . . . broché, **7 50;** toile, **10** ».

Ce volume forme un Atlas de nos colonies, *conforme au programme de l'enseignement secondaire*, et convenant en outre aux nombreux Français qui s'intéressent à notre développement colonial. Ils y trouveront d'utiles notions géographiques et historiques, et des renseignements intéressants sur la situation économique de chaque colonie.

www.ingramcontent.com/pod-product-compliance
Lightning Source LLC
LaVergne TN
LVHW010251230826
846091LV00007B/2908

* 9 7 8 2 0 1 9 9 7 2 6 5 3 *